歴史文化ライブラリー

173

文化財報道と新聞記者

中村俊介

吉川弘文館

目次

文化財報道の社会的意義——プロローグ

1　文化財報道の社会的意義

文化財とマスメディア

本書は、文化財という分野においてジャーナリズムが果たしてきた意義について、正面からとらえることを試みたものである。基本的に、発掘報道の思い出や裏話をしたためたものではない。それは、考古学担当の新聞記者という極めて限られた立場の者だからこそ可能な視点だと自負するとともに、世論とアカデミズムの接点に位置する者としての社会的な責務を果たしたいと思うからである。

グローバリゼーションにともなって、地域社会の多様性とその環境がはぐくんだ独自の歴史観が再認識されている。野蛮・未開から文明へという古典的な社会進化論が一様に通用しないのは、もはや常識である。また、歴史のプロセスがマルクスの「アジア的生産様式」の破綻にみられるごとく、欧州やアジアといった大まかな枠組みのみでとらえきれないことは、よりミクロな日本列島内の中央や辺境という国内事情についても当てはまる。地方の時代といわれる現在、より複雑化した歴史の構築が、中央からの視点のみで成り立たないのは明らかである。

日本社会は今、最大の変革期を迎えている。縄文時代から弥生時代への移行、律令制の成立、群雄割拠の戦国時代、幕藩体制の開始、明治維新……。時代を通じて常に不変であり続けた最小の社会単位である家族とそれを取り巻く血縁関係、さらにそれらと深く結びついた地縁的な基盤が、生活様式の激変によって急速に崩壊しつつある。核家族の急増と、整備された交通網による社会活動の広域化、大都市への人口の集中。かつて地域内婚姻がほとんどだったのに対し、今では北海道の出身者と沖縄の出身者とが結ばれるケースさえ珍しくない。それとともに、少子化の進行や将来の社会保障への危機感など数々の問題が噴出し始めた。人間という集団が生き抜くために長い時間をかけて造り上げてきた自然発生的で合理的な社会システムが、極めて人工的でいびつな社会システムへと移行しようとしている。その過渡期が現代社会だといえよう。

私たちは歴史上、誰もが体験したことのない空前の環境変化に身をさらしている。今後、思いもよらぬ事態が人類を襲うかもしれない。そのとき、私たちはどう対処してゆかねばならないか。先人の知恵や失われた社会のなかに解決の糸口を見いだせるのなら、過去の軌跡を追求することは、人類の未来への模索でもある。その情報源は、あるものは地中深く、あるものは街や村の片隅、あるいは日々の暮らしのなかなど、あちこちに存在する。それらが、遺跡として出現する埋蔵文化財や、年中行事などに受け継がれてきた民俗文化財である。秘められた膨大な情報を現代の視点でとらえ直して社会に還元させることが可能な媒体、ひとつの情報を不特定多数の人々に共有させることができる媒体、それがマスメディアであり、新聞の文化財報道なのである。

ややもすれば興味本位に陥りかねない商業主義的な危機を常にはらむマスコミだが、文化財報道はどうあるべきなのか。あくまで個人的な見解であることを理解していただいたうえで、自戒を込めてそのあり方を考えてみたい。

新聞記者がみる文化財

本書は大きく三つに分かれる。

まず、文化財報道が抱える役割や課題である。なぜ、考古学記事がこれほどまでに関心を集めるのか。あるいは、なぜ必要とされるのか。報道から派生する矛盾や問題点はどこにあるのか、を考えた。

事実の伝達とスクープ競争、その狭間《はざま》で生まれるひずみは報道機関の宿命かもしれない。だが、それを極力抑制しながら、逆に、読者の知的欲求を満たし、文化財という共通認識の浸透に一役買うことが報道機関には可能である。誇大表現や邪馬台国《やまたいこく》報道はしばしば批判されるが、そこにも長短両面があることを知ってほしい。そして、読者のみならず文化財行政や発掘報道に携わる人々の今後の糧として、より有意義な報道をめざすことを目的としたい。

次に、有形無形にかかわらず国民の共有財産としての文化財の保存・活用に関する問題である。

ひと言で文化財といっても、その幅は限りなく広い。現存する街並みから地下に眠る四四万ヵ所ともいわれる遺跡、伝統芸能の数々、あるいは暮らしに息づく伝承や風俗。なかでも、新聞報道の中心となる埋蔵文化財は無数の開発とともに失われ続け、無形文化財もまた、社会システムの変質のなかで忘れ去られようとしている。

史跡指定という法的措置のもと、幸運にも残された遺跡についても、その保存・活用に問題は少なくない。文献のない時代の遺構復元の難しさにも踏み込んだ。また、文化財行政も多くの難題に直面している。そうした埋蔵文化財を取り巻く厳しい状況を総括的に取り上げた。一方、民俗文化財についても、取材経験のなかから例を引き、消えゆく古層に言及した。さらに、国内のみならずドイツを中心に世界にも目を向け、具体的な体験に基づきながら、他の国々が抱える課題と取り組みを報告した。

そして最後は、二〇〇〇年に起こった旧石器遺跡捏造《ねつぞう》事件、さらにそれが派生させた翌年の聖《ひじり》嶽洞穴《だきどうけつ》問題である。

旧石器遺跡捏造に関しては、そのスクープ劇の華やかさから数々の新聞記事や著作が出回り、その実像をつかむのも容易だ。骨董や古美術の世界で贋作の横行は日常茶飯事だが、その愛好者が極めて限定的なのに対し、公共性の強い遺跡の発掘成果の偽造は考古学界のみに収束することなく、国民全体の大きな関心を呼んだ。舞台は東日本に限られるとはいえ、その影響は全国的、世界的なものとなった。九州にいた私自身、応援として東京から宮城、埼玉、岩手と、わずかながら直接取材にあたった経験を持つ。また、直接関与のなかった地域にも多大な影響が及んだのは言うまでもない。この事件を周囲から眺めることによって、これまで見えてこなかった側面が浮かび上がってきた。

対して、週刊誌の報道によって飛び火した聖嶽問題を論じたものは極めて少ない。その関心の低さの背後には、九州の山間部に限定された地理的要因や第一次発掘調査からの長い時間的経過などがあろう。だが、その社会的意味において聖嶽問題は、シンプルでわかりやすい旧石器遺跡捏造事件よりはるかに複雑で、過去の発掘調査の検証のあり方、一人の老学者の自殺、問われる報道の倫理、研究者同士の摩擦軋轢《あつれき》、民事訴訟への発展と、学問的な枠を超えてさまざまな社会性を内包する。一連の報道は、それをあぶり出した。

聖嶽問題の発生から二〇〇一年十一月の提訴、そして二〇〇三年五月の大分地方裁判所の判決までこの問題に携わってきた者として、その経緯と展開を客観的に後世に書き記すことは意義あることだと思う。

時流は刻々と変化している。本書では、盛り込むべき具体的内容について、なるべく新しい出来事や資料を選ぶよう心がけた。研究内容そのものより、主にそれらを取り巻く社会状況に重きを置くため、執筆時では妥当に見えた事柄が時とともに変わっていく場合もあろうが、ご了承いただきたい。

また、私の取材フィールドが九州・山口・沖縄という西部本社の管轄内に属したことから、結果的にこの地域の事例を中心に取り上げることになったが、北部九州が大陸からの先進文化の窓口として弥生世界の中心だったことなどを考え合わせれば、本書が言わんとする本質は全国的な普遍性を持ち得ると考えている。なお、文中の関係者の肩書は執筆当時のものにさせていただいた。

ジャーナリズムと文化財

未来への指針として

新聞に考古学記事が多いわけ

ある近畿地方の考古学研究者が、私にこう訴えたことがある。「もう発掘記事のニュースはやめましょうよ。新聞に研究者のコメントが大きく出るでしょ。大学の同僚は皮肉混じりに言うんですよ。『そんなに大変な話なんですか。私たちが新聞に、あんなに出る時はノーベル賞を取ったときぐらいですよ』ってね」。

一般的に地味な扱いが多い学術記事のなかで、考古学記事は例外的に、なぜ大きく報道されるのか。これは、文系理系を問わず学問の世界に生きる人々の共通した疑問ではないだろうか。伝える側のマスメディアでも、あまり真剣に考えられたことがなかったように思える。一方で、研究者から過剰な報道が問題視されてきたのも事実である。報道へ向けられた厳しいまなざしを、私たちは真摯《しんし》に受け止めなくてはならない。

とはいえ、メディアにはメディアの言い分もある。学問分野は幅広い。森羅万象《しんらばんしょう》を対象とするのが新聞のたて前ではあるが、すべてを満遍なく扱うことは不可能である。管見の限りでは、考古学・古代史、医学（遺伝子工学を含む）、天文学がベスト3といったところだろうか。なかでも考古学・古代史は、群を抜いて掲載数が多い。そのわけは、これらがとりわけ、読者である市民が関心を持つ分野であり、かつ極めて生活に密着した分野であることに起因するといえよう。

まず、医学。日進月歩の勢いでかつての難病や不治の病が駆逐《くちく》されている。その達成度は、癌患者らが一日千秋の思いで待ちこがれる情報だ。遺伝子関連の分野も、遺伝子組み替え野菜などの食生活の話題、不妊治療や先天的な難病の原因追究、さらには犯人同定の犯罪記事にまで絡んでくる身近な関心事である。近年は、クローン人間誕生の是非を問うニュースも紙面をにぎわせている。ＤＮＡ操作やヒトゲノムの解析は、かつてのＳＦ小説や映画を遥かに超えている。また、天文学は遥かなる宇宙への憧れを誘うだけでなく、国際宇宙ステーションの建設や衛星ビジネスなど、すでに現実に手が届くところまできている。絵空事の物語の時代は過ぎた。これらに寄せる人々の興味は、難解な経済理論、数式が踊る物理学や数学といった自然科学の基礎分野、あるいはとらえどころのない形而上学《けいじじょうがく》的な哲学、心象や感性の上に成り立つ文学などの比ではない。

しかし、一見、直接的には社会と無関係に見える学問分野もまた、より実用的な姿に発展し、市民社会に還元された形で報道されている。たとえば、日々発達を遂げている電子・機械工学はあらゆる新製品の発表という形で、農学や水産学は食糧問題に関連して、法学は裁判記事や憲法の改正論議として、教育学は子供の学力低下や大学再編・独立法人化など教育界の動向として、経済学はもちろん株価の変動やさまざまな経済情報として、という具合である。原子力学などは、まさに社会の賛否を二分する原子力発電の将来やエネルギー対策と切っても切れない関係にある。

要するに、基礎科学や人文系科学といった、社会生活に還元されにくく、目に見える形で実社会と関連を持ちにくい分野は、むしろそこに読者が読みたいと思わせるだけの付加価値がなければ、新聞記事として成り立たないのである。

極論すれば、新聞は「学問」を扱っているのではない。それが可能な限り学術的事実に裏打ちされたものでなければならないのはいうまでもないが、読者の関心事に応えることが新聞のすべてである。それがたまたま学問上の話題であったに過ぎない。したがって、学術記事における新聞報道には偏りがある、というのは当たらない。

そして現在、その中核を占めるのが考古学なのである。そこには次々と吐き出される「発掘」という社会活動があり、多くの読者の目が注がれる。NHK解説主幹の毛利和雄氏は、壊される遺跡の事情や意義を世に問う意味において「埋蔵文化財報道」という用語を用いている（「埋蔵文化財行政とマスコミ報道」『平成14年度埋蔵文化財行政研究会シンポジウム発表要旨』、二〇〇三年、「曲がり角に立つ埋蔵文化財行政と遺跡の保護」『季刊考古学・別冊12　ジャーナリストが語る考古学』、同年）。これも、発掘記事を一般社会における生産活動の一環としてとらえるが故の発言であろう。

幻想が生むアイデンティティ

日本人ほど自らの歴史に関心を持つ民族はいないといわれる。その根底には誰もが胸の内に秘めている未知へのロマンが流れている。

ヨーロッパでは古くから無数の民族が入り乱れ、王家や貴族間では各地で婚姻関係が結ばれるなど、特定の民族の正確な出自を知ることはなかなか難しい。発掘調査や研究が民族主義的な精神高揚の発露として実施されることも少なくないし、それがときとして、ナチス・ドイツにおけるコッシナ学派のように政治的に利用された苦い過去もある。征服王朝による支配を経験し、現在も多民族国家である中国も同じであろう。むしろ、その追求はチベット問題のように国家体制を崩壊させる危険性をはらむ。

ところが、日本は島国であるためか、表面上は列島というひとつのまとまりを保ってきた。近代社会の黎明《れいめい》期において、南朝側に集中した史蹟指定や明治天皇にまつわる聖蹟、朝鮮侵略を正当化した日鮮同祖論など、ゆがんだ歴史観が国策的に生み出されはしたものの、天皇家を誇りとする「万世一系」の幻想は、国民感情の一部に厳然としてある。神話世界への憧れはその自然な表れともいえよう。近年、さすがにそのような風潮は影を潜めてきたが、出自の追求は、より科学的な学術成果への関心として転化した。

われわれはどこから来たのか。ルーツはどこにあるのか。そんな問いかけへの答えを、人々は考古学上の新発見に求めるのである。それは混沌とした現在において、自らの依るべきレゾンデートル（存在理由）として生きる活力につながってくる。

太平洋戦争中の「一億総玉砕《いちおくそうぎょくさい》」、あるいは、豊かな暮らしを求めて一致団結して突き進んだ戦後の奇跡的な高度経済成長という、ネガティヴ・ポジティヴ両面の「同胞意識」に、この感情は強く作用してきた。個人主義の強いアメリカ合衆国やドイツ連邦には見られない現象といえるかもしれない。広瀬和雄氏はそこに「集団的記憶の共有」を読みとる（「埋蔵文化財行政はなぜ可能か！」『考古学研究』第五〇巻第一号、二〇〇三年）。考古学的発見を日本人は自らのアイデンティティの具体的表現としてとらえることができる、といっても言い過ぎではなかろう。

さらに、考古学の研究対象が、目に見えるモノであることも大きい。そしてそれが土中から突然現れ、それまでのパラダイムを転換させる可能性さえ擁するというダイナミズム、言い換えれば「動いている学問」であること、何が起こるかわからない不確定な要素が、考古学という学問をより身近なものにする。わが家の庭先の裏から、ひょっとしたら数千年前の遺物が顔を出すかもしれない。子供のころ、道ばたで拾った妙な石ころは貴重な石器だったのかもしれない。すでに史料が出尽くし、解釈のあり方が焦点となっている文献史学にはない、決して学問的とはいえないけれど、人々はそこに〝お宝〟的な興奮を覚えるのである。

一方で考古学には、ときとして開発時に顔を出すような「負の学問」のイメージもある。それは逆にいえば、社会と常に裏表一体の関係にある証《あかし》にほかならない。

歴史認識の共有を

行政の隅々には文化財専門職員が配置され、その数は七〇〇〇人にのぼる。多数の書物の刊行とともに一般市民にも裾野は広がり、日本考古学協会が最大の学術団体のひとつであるように、もはや大学や研究機関など象牙《ぞうげ》の塔に閉じこもった学問としてとらえることは不可能だ。かつては「考古学なんかに進んで将来どうするのか」と言われた人も多いように、「飯の食えない学問」の代名詞だった分野が、埋蔵文化財に関する世論の意識の高まりやメディアの華々しい報道の結果、いまや最も市民に身近な学問領域のひとつになったといえる。

「文化財保護法」という法律の存在も、社会と考古学を切り離すことのできない状況を物語ること埋蔵文化財に関しては、有形・無形文化財や記念物とは異なる観点からひとつの類型として盛り込まれていることからもわかるように、極めて遊動的な社会性を持つ。文化財保護法の理念は、国民の文化的生活の向上と世界文化の発展に寄与することに集約されようが、あえて視点を変えれば、社会の発展と切り離せない開発の継続に対して、市民レベルの文化意識やモラルの深まりを要求する、一見、二律背反《にりつはいはん》的な、しかしお互いが牽制《けんせい》し合って先進社会としてのバランスを保っていくために必要不可欠な存在として生み出された妥協の産物であり、いわば一九六〇年代の「高度経済成長政策」や「日本列島改造論」に代表される高度成長時における暴走を反面教師として整えられてきた法体系という側面を持っているのである。

明治政府の富国強兵策の恩恵なのか、わが国では教育の機会が平等に与えられ、世界最高の識字率を誇るに至った。戦後の混乱はあったものの、働きずくめの高度成長期を終えて久しい今、人々が求める新たな目的は多様化している。知的好奇心もそのひとつといえよう。巷《ちまた》に氾濫《はんらん》する関係書物も多く、素人でも比較的入りやすい考古学は、その絶好の「はけ口」になっているとはいえまいか。

また、報道で発掘成果に触れる機会が増え、人々に「埋蔵文化財は国民の共有財産」という認識が芽生えたのも、市民の知的欲求の昂揚《こうよう》を後押ししているのであろう。だが、考古学への高い関心が、開かれた情報による自発的な市民の興味のみにあるとも言い切れないようだ。たとえば、九州大学の溝口孝司氏は「考古学への関心は、マスコミによる取り上げがさほどでもないイギリスなどの諸外国でもおどろくほど高い」（二〇〇二年十一月二十九日付『毎日新聞』西部版）といい、旧来の地域共同体が持つ慣習としての社会秩序を切り崩し、近代国家が成立する際に新たに創出された人工的な統合のメカニズムのひとつ、としてとらえる。その意味で、過去を扱う考古学は国家にとって理想的な「仕掛け」だった、という。

島国であるが故に他国の干渉をほとんど受けることのなかった日本列島の住民が、その総体としてのルーツを知りたがるのは当然のことである。しかし、溝口氏の指摘は、おびただしい戦乱や民族の移動、いくつもの興亡をくぐり抜けてきたヨーロッパの国々もまた考古学になぜ関心を示すのか、という理由を合理的に説明する。だが、絶えず国境線の変動を繰り返してきたヨーロッパで、その入り乱れる歴史を整理するのは非常な困難を伴う作業であろう。せいぜい列島内での社会移動という、地理的に閉じた空間内での人々の営みを不動の前提として編年を積み重ねてきた日本の考古学が、ヨーロッパの考古学と根本的な食い違いを見せるのは当然といえる。

日本考古学はヨーロッパの方法論を導入して始まった。が、ヨーロッパの先進性や長い積み重ねを経た末に生まれた論理や概念を熟知し、十分に咀嚼《そしゃく》したうえで、両者の本質的な部分を比較検討する時期にきているとはいえまいか。

事実、歴史学全般において、社会ダーウィニズムに依拠した発展段階的概念と唯物史観的思考が生む、相矛盾する多元性を無視したが故に混乱をきたしている例もある。また、歴史とは絶対的・相対的な視点による時系列の「スケール」ばかりとは限らず、伝承や叙事詩のように時間的な流れを無視した歴史観もまた、成り立ち得る。

多様な環境が存在すれば、そこにはそれに応じた歴史観、考古学的概念、方法論が存在する。それを共有してこそ、人類の歴史とは何か、考古学とはなにか、という本質に迫る命題が見えてくるはずである。

芸術家の岡本太郎氏や哲学者の梅原猛氏らが、縄文の造形やその精神性に美の源流を見いだし、強く訴え続けたのはなぜなのか。自然と共存したのが縄文時代、環境破壊が始まったのは弥生時代、という人もいる。戦争という集団的殺戮《さつりく》行為が始まったのは弥生時代からで、人間性には本来、殺戮の本能は存在しなかったという人もいる。ならば、急速に進む自然破壊や、人間同士の反目と利己的な自己中心主義が渦巻く現代社会のなかで、環境との融和や人間社会の調和を目に見える形でもたらしてくれるもの、そんな期待を抱かせてくれるもの、それを埋蔵文化財の持つ力に帰結させようとするのは当然の成り行きなのではなかろうか。

未来への警鐘

あらゆる葛藤があふれる社会に身を置く私たちの価値観は多様である。自然の改造や人間の征服欲、無用な消費活動などが美徳とされた時代もあったであろうから、決して全時代を通して普遍性が貫かれてきたわけではない。しかし、多くの価値観が並立する現代だからこそ、相対的にひとつの理想が浮き出してくるのであり、「人間はどうあるべきなのか」との問いかけを可能にする。

文化財記事もまた、政局や国際情勢、事件・事故などと同様、興味の対象や教養として読者の眼前を通り過ぎてゆくものであろう。あるいは、知的好奇心を満足させる一服の清涼剤に過ぎないのかもしれない。だが、突き詰めていけば、人間のあるべき姿という命題への回答を埋蔵文化財は内包しているのであり、読者が報道を通じて無意識にそれを求めているという側面があるのではなかろうか。

過去を知ったところでどうなる、という声もある。だが、人類はさまざまな状況に直面し、それを打開するために、無数の選択肢からひとつの道を選びとってきた。それは支配階層のみならず、庶民のレベルまで限りない。その軌跡の蓄積と集大成が歴史である。

人類はおびただしい愚行や無意味な選択を繰り返してきたのかもしれない。文献史料はそれを語りかけるし、先史時代の考古資料もまた、同様である。だからこそ、それらを研究し活用することが、これから進むべき道を模索するための指針となり得るのである。

その作業は、過去の人間の営みを復元する考古学や文献史学だけの問題ではない。たとえば、形質人類学上では、古人骨との比較によって、ある限定された価値観と共同幻想に導かれた結果、人々の足は細くなり長時間歩くこともままならないような、動物としての基本的な失陥《しっかん》をもたらすと同時に、食生活の「悪化」が招く肉体的な急速な衰えが指摘されている（松下孝幸『日本人と弥生人』、一九九四年）。それは人類の、種としての危機を訴える警告といえよう。

「温故知新《おんこちしん》」という言葉がある。私たちは過去の遺産を知ることによって、これからの旅の過程で最良の選択をしてゆかねばならない。文化財記事はそのための道しるべであり、未来への警鐘でなくてはならない。そこに文化財報道の意義はある。

転換期を迎える文化財報道

「談話」の役割

発掘関係記事を読んでいて気づくことは、そこに一定のスタイルが存在することだ。「……を考えるうえで貴重な資料」「○○教育委員会は初めてとしている」などという紋切り型の表現が並ぶ。また、見出しには「最大」「最多」「最古」といった形容詞をはじめ、「古代のロマン」などのお決まりの文句が踊る。そして、最後は大学教授らの談話で終わる。

「文化財記事の識者のコメントは、なぜいつも記事を称賛するような肯定的なものばかりなのか。わざわざ補強するようなものをつける意味があるのか。私には理解できない」。

かつてある本社の幹部が宴会の席で言ったそんな言葉が、私には新鮮に聞こえた。社会部が手がける記事では、対立する二者がいればそのウェートはどうであれ、両者の言い分を併存させるのが基本的なルールである。社説などは別として、メディアはある事象の是非を最終的に決定することはできないからだ。たとえば裁判記事では、提訴した原告の訴状に沿って記事がつくられることが多いが、その末尾には提訴された被告側の言い分を必ず載せる。

ところが、文化財記事の談話には肯定的な内容が多い。最も多い自治体の発表による第一報では、行政が示した事実関係のデータとその意義付けを骨格として、その道の専門家のコメントで締めくくることが定型化している。なぜなら、すべての人がほぼ同じ社会的価値観を持つ事件・事故などに比べて、文化財記事はその意義がどこにあるのか、極めてわかりにくい。研究者の間でさえ意見の食い違いを見せることも当たり前の世界だ。文化財記事の定型はそれをカバーし、最も効率よく読者に理解してもらうために生み出されたといえる。

しかも、文化財記事を含む学術記事は、政治や事件、外報記事のように、記者自身がリアルタイムでひとつの情報に接近できるたぐいのものとは異なり、原則として研究者の見解をもとにした二次情報、三次情報にならざるを得ない。朝日新聞の宮代栄一記者は「仮に資料そのものが客観的であったとしても、解釈する人間は、なかなか客観的な存在にはなり得ない。なぜなら、それぞれの研究者が下す解釈には、その人間が育ってきた環境や性差、学習環境の違いなどといった要素が色濃く反映されているからだ」という（「モノと資料の解釈をめぐる問題」『アエラムック・古代史がわかる。』、二〇〇二年）。その意味で、記事化される発掘に直接携わっていない識者のコメントは、読者の理解を助けるとともに、メディアがその出来事を採り上げなくてはならない必然性と選択の妥当性を客観的に保証するうえで不可欠な要素になってきたのである。

ところが、この定石ともいえる体裁が崩れ始めている。記事の正当性を裏付けてくれる研究者の確保が困難になりつつあるのだ。いや、正確にいえば、専門分野の細分化にマスコミ側の対応が追いついていないのである。

崩れる定型

原稿執筆の際によく意見を参考にさせていただくある研究者は、こう漏らす。「考古学はますます細分化されてきている。昔は東洋考古学と言っていた時もあった。それが日本考古学、九州考古学、そして都道府県ごとの考古学。さらには時代別にも分かれ、若い人は弥生のなかでも青銅器とか土器とかね。あと一〇年もたてば、総論を書ける人はいなくなるかもしれない」。とすれば、ある特定分野を扱う研究者の数が限られれば限られるほど、比較検討のしようがないために、研究成果を簡単に鵜呑みにはできなくなる。研究者の誰もがそんな印象を抱いているのではなかろうか。

文化財担当記者にとっても、従来の型式を保とうとする限り、細分化と専門化は切実な問題だ。今以上に的確なコメント先を見つける必要性に迫られることになり、判断を誤れば、まったく見当違いの専攻の研究者に意見を聞いて、世間の失笑を買いかねない。裏を返せば、新聞が形作ってきた記事がいかに特定個人に寄りかかったものであるか、ジャーナリズムとして脆弱《ぜいじゃく》なものであったかをさらけ出すことになる。文化財報道は今、改めてその見識が問われる事態に直面しているのである。

適切なコメントを集めるには、無数に細分化された研究者の世界で、誰がどの分野を専門とし、今は何を研究しているか、どこの研究機関や自治体に所属しているか、連絡先はどこかなど、事前の情報収集が問われる。つまり、新聞記者個人が見識を深め、学界の動向を熟知する必要があるわけだ。

もちろん記者は研究者ではない。わからなければ、わかっている人に話を聞く。これが仕事だし、最低限の基礎知識で事足りる場合もある。が、膨大な情報があふれる昨今、何がニュースなのかを的確に把握するには、それなりの研鑽《けんさん》が求められる。わかりづらくて専門性の高い学術記事ならば、なおさらである。

言うは易《やす》し、行うは難《かた》しだが、それが取材のうえで大きな武器になり得ることも忘れてはならない。たとえ取材合戦が横一列であったとしても、内容の深さや目の付けどころで差が出るし、他紙が見落とすような部分に光を当てて重要性を見いだせばスクープを取ることも可能である。「文化財報道と事件報道は同じだ」とよく言われるように、出し抜くことの難しい分野だからこそ、知識の蓄えと、それをニュースとして結びつけるための機転が求められる。それは、定型に固執するだけでは生まれてこない。

新聞記者のサラリーマン化と、マスコミのチェック機能の低下が叫ばれて久しい。その背景を探ってみよう。

失われるチェック機能

文化面執筆のため、自治体の記者発表に参加させてもらうことがある。多くが記者クラブを介しての発表であるため、あくまでオブザーバー的な立場ではあるが、端《はた》から見ていて唖然とさせられることも少なくない。

行政側から資料が配られ、それに沿って一通りの説明があったあと、質疑応答に入る。ところが、どこからも質問は出ず、長く沈黙が続く場合さえある。やっと出たかと思えば、まるでとんちんかんな内容。つまり、何が問題なのか、何がわからないのか、わからないのだ。

記者にとって会見では、質疑応答の場あるいはその前後の独自取材こそが勝負だ。それがあまりにも簡単に放棄されている。発掘行政に長年携わってきた、ある第一世代の幹部はいう。「昔は記者発表の日なんか、ひっきりなしに電話がかかってきて夜遅くまで帰れなかったものだよ」。

その結果、内容を未消化のままで原稿化するため、何を言いたいのかさっぱりわからない記事ができあがる。考古遺物などを示す「資料」と、主に文献など文字資料を示す「史料」との混同など、基本的な語彙《ごい》の誤用も少なくない（もちろんこれは新聞用語としての慣例的な区分であり、「資料」も広くとらえれば「史料」としての性格を持つともいえるが）。

確かに、クラブ詰めの記者は、さまざまな担当を掛け持ちしていて忙しい。しかも第一報に接するのは、ほとんどが文化財などと縁のない記者たちである。当然、行政ネタが中心で、彼らにとって奈良県など一部の例外をのぞけば文化財は極めて異質な分野であり、そんなところに力を入れる暇や余裕などない。さらに頻繁な担当部署の異動は、腰を据えた取材活動を妨げる。また、文化財に興味を示す記者もいれば、からきし関心を示さない者もいるように、個人の資質によっても左右される。

だが、それは文化財報道を敬遠する言い訳にはならない。どんな取材対象であっても最低限の基準を満たす記事を書く、それがプロに必要とされる力量である。

二〇〇二年十一月十七日、大阪の池上曾根弥生学習館で「考古学ジャーナリストからみた高松塚以降三十年」と題し、現場の記者が文化財報道のあり方を語り合うシンポジウムが開かれた。朝日新聞の天野幸弘編集委員は、その模様を報告するなかで、「『競争』は減り、第一線の取材力は衰退しつつある」（『新聞協会報』第三五四七号）と指摘し、各メディアに共通して見られる現象に危機感を募らせている。また、福岡大学の小田富士雄氏は吉野ヶ里遺跡報道を引き合いに出し、その「マイナス効果」として、記者からの質問が吉野ヶ里を基準とした、不思議なくらい共通したものであることを指摘する（「吉野ヶ里効果」『考古学ジャーナル』四一六号、一九九七年）。これらニュース感覚の欠如と安易な画一化は、今後、よりいっそう進むと思われる。

だからこそ、文化財という特殊性にしり込みすることなく、新聞記者としてのごく普通の批判精神が必要とされ、それを可能にするだけの見識と知識が求められるのだ。ひいてはそれが、マスコミとしての健全なチェック機能をはぐくむことになるのだが、事態は残念ながら逆に動いているようである。

文化財報道における報道機関のチェック機能の低下は、基本的にはマスコミ側の責任に帰する問題である。だが、発掘調査の主体の九割以上を占める自治体によるマスコミへのアプローチが与える影響は小さくない。メディアに対する文化財行政の姿勢を見てみよう。

行政との関係を考える

一般に、行政側は横並びの発表を好む。したがって、特定の報道機関が出し抜こうとする取材活動を嫌う。発掘の成果を、正確かつ公平に評価してもらいたいという思いの表れといえよう。

近年、自治体の発表資料には、記者への便宜を図っているような成果の意義付けや、コメントをもらう研究者のリストが用意されるなど、至れり尽くせりの例が増えてきた。重大発表では事前レクチャーが行われることもしばしばだ。ある自治体などは、「会見する以上、マスコミになるべく大きく扱ってもらいたい」という気持ちからか、投げ込み資料に「！」をつけているほどである。これなど、行政側がメディアを強く意識している好例であろう。ある知り合いにいわせれば、「いろいろあるんですがね、最近はマスコミがあまりびっくりしてくれないんですよ。だから、こちらもある程度、マスコミに合わせてゆかざるを得ないんです」という切実な事情があるらしい。

マスコミに対する行政側のきめ細かな対応は、報じる側にとっては、なんともうれしいサービスではある。が、しかし、これはある意味で価値観の押しつけであり、先の紋切り型の記事スタイルを生むことにもつながる。また、そこには明らかにマスコミ受けを気にした選択、悪くいえば情報操作がある。行政側としても、せっかく会見をセッティングするのだから、それなりに報じられなくてはやる気も失せよう。だから、メディアに受けるような大発見のみを選びがちになる。それは逆にいえば、不利な情報ならば出さないこともできる危険性を内包しているのである。

結局は、各紙、判で押したような記事化の裏でメディア本来の機能は失われてゆき、ジャーナリズムの使命の放棄につながってゆく。第一線の記者たちは、その危険性を自覚する必要があろう。

行政側が求める平等主義自体が批判されるべき理由はない。しかし、行政側の過剰サービスと、それを歓迎する報道側との関係は、結果として報道の最終目的であり命ともいえるスクープへの情熱を衰えさせることになった。

いわゆる「しばり」について

遺跡の豊富な関西地方では、報道の時期を発表者側が一方的に指示する「解禁付き」、いわゆる「しばり」が存在するという。しかもその設定には、マスコミ側からの提案さえあるという。

飛鳥などを散策すると、あちこちで発掘中の現場を目にする。ある程度、こまめに足を運んでいればニュースに遭遇するのも簡単に思えてくる。古墳の発掘など時間もかかるのだから、努力次第で特ダネを取るチャンスは転がっているわけだ。なのに、常に横並びの発表になるのはなぜだろう。考古学に関心を持つ者なら誰もが不思議に感じた経験があるに違いない。

その原因が、どうやらこの「しばり」方式と呼ばれるシステムらしい。よくある例では、記者クラブに「投げ込み」があった時点で会見まで報道を待たなくてはならない。関西などの「発掘先進地」では、調査が始まった時点で、自動的に「しばり」がかかるケースもあるそうだ。読売新聞の片岡正人記者は、「これによって、行政側は情報を一律的に管理できるとともに、現場での混乱を回避し、調査をスムースに行えるというメリットがある。一方、マスコミ側もスクープ合戦に疲弊することなく、じっくり勉強して記事にできるという恩恵がある。双方の利害が一致した合理的なシステムのように見える」が、それは「発表」ジャーナリズムによるマスコミの堕落であると警告し、マスコミ側の職務怠慢を糾弾《きゅうだん》している（「マスコミから見た埋文行政」『考古学ジャーナル』四五六号、二〇〇〇年、「考古学とジャーナリズム」『季刊考古学』第八〇号、二〇〇二年）。一方で、発掘現場の管理や保全、現地説明会への段取りなどから「解禁付き」をある程度容認する立場もある（坪井恒彦「これからの考古学と報道の関係」『季刊考古学・別冊12　ジャーナリストが語る考古学』、二〇〇三年）。

もちろん報道の正確さを追求すれば、「解禁付き」も否定面ばかりをとらえることはできまい。

記者会見以降の報道を求めた発表者に対し、記者クラブ側がそれを拒否する例もある。これなど、報道側の論理が発表者側の意向を無視した格好になるわけで、両者の思惑は必ずしも一致しない。近年、閉鎖的な記者クラブ制度の弊害がしきりに説かれているが、記者クラブとは何なのかを、別の視点から眺めることも必要だ。

自治体とマスコミの温度差

行政側の対応には、地域によって温度差がある。自治体によっては、埋蔵文化財は国民の共有財産であるから世に知らしめられなければならない、という社会の公僕たる感覚の欠如さえ見受けられる。

そんな行政側の閉鎖性や積極的な情報公開への認識の低さによって、記録のみで人知れず葬り去られていく遺跡は数知れない。特にその傾向は地方に行けば行くほど著しいように思える。だが、その責任の一端はマスコミにもある。そこには報道する側の問題意識の鈍化がにじみ出ているように思う。

二〇〇一年夏、長崎県対馬《つしま》・峰町の三根《みね》・井手《いで》両遺跡で日韓合同調査が実施された。朝鮮の無文土器と弥生土器が共伴し、弥生時代相当期の両地域に盛んな交流があったことを物語る遺跡である。大発見があったというわけではないが、韓国・釜山の東亜大学校と、峰町が公募した日本人研究者らによる組織的な発掘で、まさに両国の考古学界にとって新世紀の到来を実感させる象徴的な共同作業だった。

図１　日韓両国の考古学界にとって新時代の幕開けを告げた長崎県対馬の三根遺跡の共同調査

にもかかわらず、マスコミの動きは鈍かった。『朝日新聞』も最初は長崎県版扱い。その後、私は全国共通面と西部本社版の文化面でそれぞれ意義を報じたが、管見の限りでは、長崎県内の報道機関以外でこの出来事を大きく報じたメディアはなかったようだ。

峰町は調査期間中、町民向けに記念講演もやったし、報道する機会はいくらでもあったはずである。敏感に反応できなかったマスコミは、その対応のまずさをさらけ出したといえ、国民が求める情報に応えるというジャーナリズムの基本を見失ったと言われても反論できまい。

特ダネ競争は必要か

行政側がスクープを嫌う理由には、拙速な記事化によって発掘成果がはたして正確に報じられるのか、過度に誇張されるのではないか、などという不信感があるようだ。

岡山大学の新納泉氏は、一九七八年の『毎日新聞』による埼玉《さきたま》稲荷山《いなりやま》鉄剣《てっけん》銘文《めいぶん》のスクープを引き合いに出し、「スクープをきっかけに各社が総力をあげて取材をおこなったため、記事が非常な活気をおびた」と、その長所を挙げる一方で、「ジャーナリストは、しばしば調査の途中で結論を急ぐ。研究者にとっては可能性のひとつとしてしか考えていないことがクローズアップされ、他の可能性を押しのけてしまうのである。このような両者の姿勢の違いから、不正確な報道が生まれる例が多い」と批判した（「ジャーナリズムと考古学」『岩波講座・日本考古学7　現代と考古学』、一九八六年）。

実際、スクープによって発掘結果の価値がゆがめられるケースは少なくない。なぜなら、特ダネは、ほとんどが発表の場合よりも派手に扱われ、内容もより詳しく書き込まれる。一面、社会面トップはざら。対して、抜かれた各社は、より地味に扱いがちになる。発表ならば社会面を飾るぐらいにはなるはずの記事が、地域版や県版になってしまったりする。人間の心理とはそういうものかもしれないが、発掘成果の価値がマスコミの論理や都合によって二極に分かれてしまうのは好ましいことではない。

ある新聞の読者には大々的に報じられる一方、その他の新聞の読者には紙面の片隅ぐらいでしか伝わらないから、読者には迷惑なことである。行政にとっても、たまったものではない。おまけに抜かれた側の報道機関からは、いろいろと文句を言われる（抜かれたと愚痴を言うと、「報道は自由競争だ」と逆にたしなめられて、こちらが赤面するような行政側の猛者も、たまにいるが）。

ただ、いざ大きなスクープがなされたとき、逆にその影響が発表以上に大きなものになる場合があることも忘れてはなるまい。新納氏が例に挙げた稲荷山鉄剣報道や、『毎日新聞』による旧石器遺跡捏造事件などがそうで、完璧な調査報道に各社が脱帽してその重大性を認め、報道合戦を繰り広げた。もし、捏造事件が考古学界の内部調査による発表だったとしたら、あそこまでの社会的反響を呼んだかどうか。

とはいえ現在、文化財ニュースは行政側の裁量に左右されているのが実情だ。発表があっても、一方的な垂れ流し状態である。マスコミはそれに何の疑問も持っていないし、仮に異を唱えようとしてもほとんど専門知識を持たないため、太刀打ちできない。そんな状況は報道をますます文化財から遠ざけ、国民の知る権利に基づく期待と乖離《かいり》してゆくことになろう。

そうならないためにも、記者は行政側と折衝できるだけの十分な力量を持つべきである。そして、実際に現場に足を運び、そこで何が行われているか、自分の目で把握するための努力を心がけるべきだ。行政側にも、なるべくわかりやすく簡素化した形での記者発表や、現場の公開を望みたい。それがお互いの信頼につながってゆくだろうし、ひいては公共の利益にもつながってゆくのだから。

学術性と報道との矛盾

文化財報道の増加は、文化財にニュースとしての価値を付加し、その扱いの重要度が上がり続ける傾向を作り出した。だが、「最古」や「最大」などの常套句《じょうとうく》を用いた見出しを張れる発見はそうあるものではないし、初めての発見だと思っても、実は全国のどこかに前例があった、というケースも珍しくない。発掘情報の蓄積が進めば進むほど、そんな例は増えるだろう。しかし、マスコミはその特性として「驚き」や「新鮮さ」を求め続ける。前例があれば、あまり関心を示さない。どんなに重要な意義を持っていても、第二、第三となると、報道機関の立場からいえば、もはやニュースではないのである。

ところが、学問的には類例の増加が仮説をより補強し、価値を高めてゆく場合が多い。つまり、報道の価値観は、蓄積こそが大切な学術的価値観と一八〇度異なるのだ。したがって、メディアとしての速報性を重視する文化財報道は、その取材対象である学術的素材に対して、常に矛盾を抱えている。

ある自治体の研究者は「資料は増える一方だが、もう大発見はないだろう。『親魏倭王《しんぎわおう》』の金印でも出れば別だけれど」と笑った。確かにマスコミは、膨大で多様な発掘情報の前に、もはや従来の価値観だけでは対応できなくなっている。

奈良県の勝山古墳（二〇〇一年五月）やマバカ古墳（二〇〇二年十一月）の報道では、出土土器の型式から三世紀前半の築造という発表がなされた。弥生の墳丘墓でないとすれば、まさに成立期の古墳が相次いで現れたことになる。しかし、周知のごとく、庄内式や布留式の編年が研究者ごとに微妙に違い、「古墳」の定義も分かれていることを考えれば、発表通りの内容をメディアとして鵜呑みにすることはできない。反論があるという事実を知らしめたうえでの報道が求められる。

最もシンプルでわかりやすい「最古」というレッテルを考えてみよう。当然のことながら、各分野で「最古」はあくまでもひとつしかない。「最古」として報じる以上、遺物や遺構は必然的にさかのぼっていくことになる。現実的に考えれば、次から次へと「最古」が出てくるはずもない。そこでマスコミは「最古級」という極めて巧妙な言葉を編み出した。これならある程度、ボーダーをぼかしながら、ニュース性を減じることなく対応できる。また、この地域では最古、あの県では最古、という地理的分散も可能だ。「全国で最古」でなければ、「全国で最古級」あるいは「西日本で最古」、といった具合にこじつけることもできる。

しかし、それもそろそろ限界に近い。つまるところ、報道機関はこれまでの単純なニュースの意義付けから転換せざるを得ない時期にきているのではないだろうか。

今、考古学の世界は、さまざまな論考が林立する都市論に見られるような依って立つべき根拠の拡大や、相対年代と実年代との整合性の検討、解釈次第で各時代・時期の開始期が揺れ動くあいまいな概念の再構築など、問題が山積している。そんなグレーゾーンをはらむ重要な曲がり角だからこそ、報道する側の倫理と客観的なバランス感覚が必要とされる。

専門記者の存在意義

新聞記事の基本は、世の中に起きる諸々の出来事を要領よくまとめる単純化にある。決まった枠のなかで、さまざまなニュースがしのぎを削り合う。読者になるべくシンプルに、かつ的確に意義を伝えるためには、敏速に余分な肉をそぎ落として骨格だけにする、そんな作業が欠かせない。その過程で「最大」「最多」「最古」の要素がクローズアップされてゆく。この傾向は特に、記事をぎりぎりまで要約した究極の伝達形態である見出しに顕著に現れる。

これを画一化した情報ととらえて、市民と考古学を正しく結ぶ手段としての有効性に疑問を投げかけ、一過性のものにしているとの指摘もある（田中琢「総論―現代社会のなかの日本考古学―」『岩波講座・日本考古学7　現代と考古学』、一九八六年）。だが、紙面に「最大」や「最古」の文字が多用されるのは、決して一概に非難されるべきことではない。なぜなら、それがニュースとしての価値を代表する要素であることは間違いのない事実なのだから。ただ、解釈によって極めて広い幅を有し、単純化への手段として利便性を持つこれらの文言をもとに、記事の扱いが限りなく肥大化してゆくことも少くない。それを冷静に抑制する役割を学芸記者は負っている。

新聞は一面や社会面だけでできているのではない。学芸部や文化部といった専門部局が担当する文化面は、後日、重要ニュースに詳しい解説を加えたり、その後の動きをフォローしたり、また有識者に原稿を寄せてもらったりする、いわば味付け役的な存在だ。ニュース面では扱えなかったような興味深いエッセンスを拾い上げ、文化面の持つ十分なスペースを活用して長行の読み物を作り上げる。時間軸と空間軸を駆使して複数の事象に共通点を見つけだし、それを練り上げ、再構築してゆく。それが学芸記者の腕の見せどころであり、醍醐味《だいごみ》である。

ただ、そのためには、過去の成果や流れをある程度把握し、日々の取材による蓄積からどれだけ必要な情報を抽出できるかがポイントだ。5W1Hと呼ばれる、重要なファクターから優先的に並べたニュース記事特有の逆三角形構造とは異なり、読者を飽きさせない起承転結の工夫も不可欠となる。記事の目的が違うため、構成も根本的に異なるのである。

文化面とて新聞記事である以上、時事的なタイミングが求められる。何か重大な発見があれば、即座に対応できるだけの情報を自由自在に引き出せる柔軟な「引き出し」を頭のなかに作っておかなくてはならないし、多角的な視点からの分析力を培っておかなくてはならない。行き当たりばったりではできないのが文化面なのである。それは、社会面の速報記事に解説を付ける場合にも当てはまる。

学芸記者に限ったことではないが、人脈づくりは記者の基本。専門性を持つ学芸部や文化部は、より特化した人脈づくりをめざしている。研究者や現場担当者と知り合い、親しくなる過程で特ダネが生まれることもある。これもまた、学芸記者冥利《みょうり》に尽きるところである。

情報共有化の時代

報道する側の落とし穴

限られた空間である新聞紙面において、記事の価値付けは避けて通れない。ニュース面といわれる一面や社会面では、世の中で起こっているあらゆる現象を何もかもごちゃ混ぜにして格付けする。無謀といえば無謀なのだが、それをしないとベタ記事が並び、とても商品とはいえないものになってしまう。そこで、ひとつの面のなかに、頭（トップ）、肩（サイド）、腹、ベタなど優先順位の序列が生まれる。それは記事が占有する面積のみならず、見出しの大きさや本数でもランク付けされる。

出稿した記者やデスク、整理部の面担当者らがその価値判断にあたるが、彼らをいつも悩ませるのが文化財記事だ。ある新聞はトップ級で扱ったのに、別のある新聞ではベタ記事にしかならなかったという極端な例も少なくない。当然のことながら、地方紙は地元での発見を大きく報じるが、地元外での発見には比較的冷たい。また、長く書いておいた方が無難だとか、大きく扱っておけばとりあえず間違いはないだろうといった、安直な判断傾向があるのも否定できない。だが、この場合はまだ救われる。怖いのは逆のパターン、何の根拠もないままに過小評価してしまうことである。

『朝日』、『毎日』、『読売』といった全国紙は、東京、大阪、西部（福岡）、名古屋（中部）に発行拠点を置く四本社体制を敷いてきた。地方紙と競合するうえで、より地域に密着した紙面づくりを意識したシステムである。外電や国政、重大事件・事故は共通するが、全体的に管轄するエリアの話題を優先させることが多く、各本社によって記事の扱いに差が生まれて紙面構成はかなり異なる。

たとえば、九州で重大事件が発生した場合、西部本社から他の本社へも原稿は送られるが、それをどう扱うかは受け取った本社次第だ。東京管内でトップを飾った記事が、九州や関西では影も形もない、ということも日常茶飯事である。逆にいえば、自分の管轄内のニュースが、他本社の壁を越えて大きく採り上げられることは、本社間でも全国レベルの重大ニュースとの認識で一致したことを意味する。ましてやトップ級となると、その日の全世界の出来事のうち、それが最大のニュースバリューを持つことになるわけだ（あくまで日本の一メディア内での位置づけにすぎないが）。

一方、各本社内において、一面や社会面など複数地域にまたがる、いわゆる「本紙」に載せる価値がないと判断された記事は、各県の地域版に収容されることが多い。すると、その記事は特定の県・地域内の読者の目にしか触れない。さらに県版にさえ載らないとなると、その記事は新聞に載せるだけの出来事ではないと断定されたことになる。

地方での発表では、その判断は支局にゆだねられる。評価の難しい文化財記事を本紙に出稿するか、県版に収めておくか。同様に、各本社においても、一本社の管内のみにとどめるか、他本社にも配信して全国ニュースとして扱うか、検討を迫られる。その判断を誤ったとき、取り返しのつかない事態が待っている。

図2　旧石器時代の生活痕が確認された鹿児島県種子島・中種子町の立切遺跡

システムの壁と判断の難しさ

一例を挙げてみよう。一九九七年の秋、鹿児島県種子島《たねがしま》の中種子《なかたね》町で、旧石器時代の生活遺構が見つかった。立切《たちきり》遺跡である。三万年以上前の焼土遺構や礫群《れきぐん》、土坑など生々しい生活痕が現れた。おびただしい敲石《たたきいし》や磨石《すりいし》は南九州特有の採集民を示唆する特徴だった。港川《みなとがわ》人など琉球弧《りゅうきゅうこ》の旧石器時代人骨の存在を踏まえ、日本列島への新人（現代型ホモ・サピエンス）の流入経路など、人類学的な視点からも関心が集まった。

その朝、私は大阪本社に出張していた。同僚の編集委員が「うちはどうなっているんだ」と声をかけてきた。手にいくつも新聞を持っている。『産経新聞』を見ると、でかでかと立切遺跡の記事が幅を利かせていた。『産経新聞』は九州で発行していない。にもかかわらず、この大きさ。『読売新聞』も『毎日新聞』も、それに準じた扱いだ。ところが、大阪本社版の『朝日新聞』には一行もない。

読むと、どうやら発表モノのようだ。発表モノは、記事の体裁が「……と○○教育委員会が発表した」とほとんど決まっているので、すぐわかる。ちなみに、特ダネの場合は「……が○○新聞の調べでわかった」とか「……と明らかになった」などと、スクープであることをアピールする表現が多い。

発表なのに、うちだけ載っていない。いったい、これはどうしたことか。各社平等に情報が提供されているにもかかわらず載らないということは、『朝日新聞』は載せる必要がないと判断したことにほかならない。判断ミスによる、いわゆる特オチである。しかもトップ級の。

種子島は、もちろん西部本社管内。原稿を自社内のみにとどめ、他本社に送稿しなかったこともあり得る。そこで西部学芸部に連絡を取ってみた。ところが、福岡の西部本社版にも、一行も載っていないという。ということは、鹿児島支局が県版用として出稿したとしか考えられない。地元紙はもちろん一面トップ。実はこの時、支局を統括する福岡の報道センター（社会部・地域報道部）からも、説明を求める矢のような催促が鹿児島支局に飛んでいたという。

そもそも全国紙の地方支局は人数も少なく、新人記者の研鑽《けんさん》の場的な色合が濃い。離島発でなじみのない文化財記事、しかも価値判断の極めて難しい旧石器時代遺跡とあって、「よくわからないが、県版でいいのではないか」となってしまったらしい。これが思わぬ落とし穴を生んだわけである。

本紙に出稿すべきところを県版に出したとなると、新聞社はジレンマに陥る。ある新聞の読者に限っていえば、特定の県民を除いては、誰もその出来事を知らないことになる。しかし今の世の中、テレビやインターネットも含めて、あちこちから情報が入ってくるのが普通だから、読者から「お宅の新聞に載っていないのはなぜなのか」などと、広報室に問い合わせが相次ぐことにもなりかねない。新聞が読者に対して責任を持つ以上、涙をのみ、遅れを承知で特オチ記事を掲載しなくてはならないこともある。

ところが新聞は、そのたて前として、一度報じたものは同じ形で再び載せるわけにはゆかない。特ダネとして他紙に抜かれたときのような完全な「追っかけ」ならば話は簡単だが、たとえベタ

図3　宮崎県都城市の坂元A遺跡で発見された弥生早期の水田遺構

記事であっても地域版などに載ってしまった場合、その後に広域にまたがる本紙で扱うことは、先んじて掲載された特定地域での二重掲載を意味する。しかも、ニュースバリューは前後で逆転するという矛盾が生じるのだ。だから、ニュース雑報としての判断は、原則として一度きりなのである。

十分過ぎる取材はない

以上は価値判断の難しさを巡る失敗談だが、取材作業のうえでの甘さを考えさせられたこともある。二〇〇一年二月、宮崎県都城《みやこのじょう》市の坂元《さかもと》A遺跡で、夜臼《ゆうす》式、つまり縄文時代晩期後半とも弥生時代早期ともいわれる、両時代の端境《はざかい》期に当たる初期水田跡が見つかった。それまで、完成された水田稲作は佐賀県唐津市の菜畑《なばたけ》遺跡や福岡市の板付《いたづけ》遺跡といった朝鮮半島と一衣帯水の玄界灘沿岸部で最も早く出現し、南九州への伝播《でんぱ》はかなり遅れるとされてきた。南九州はシラス台地という火山灰質のため、畑作はともかく、水田稲作には不向きだというイメージもあった。ところが、坂元A遺跡の遺構は玄界灘沿岸部と肩を並べるほど古い。ということは、北部九州に上陸した水田稲作は、間髪入れずに南九州へも伝わったことになる。

水田稲作の伝播速度については、そのルートも含めて諸説ある。ただ、大幅に遅れるといわれてきた東北地方への波及は、定着したかどうかはともかく、青森県弘前市の砂沢《すなざわ》遺跡や同県田舎《いなか》館《だて》村の垂柳《たれやなぎ》遺跡の例をみてもわかるように、かなり早かったともいわれている。

一方、南九州への伝播を語るにあたって焦点となっているのが、南西諸島を通じて流入したとの説が提示されている縄文農耕論の存在である。中国内陸部に広がる照葉樹林文化や、近年進捗《しんちょく》著しい古代米のDNA分析でその可能性が説かれ、一度は葬られかけた柳田国男のロマンあふれる「海上の道」が、新たな形で復活している。

しかし、考古学的な証拠となると、今なお決め手に欠けるのが現状で、考古学界でも否定論が大勢を占める。近年は、フローテーション（浮遊選別）法による植物遺体の検証からも、改めて否定的な結論が発表されている（高宮広土「植物遺体からみた柳田国男『海上の道』」『先史時代の生活と文化』、二〇〇一年）。ただ、熊本県を中心とした九州の台地からは、炭化米や土器の表面についた籾《もみ》の圧痕が見つかったり、土器の胎土や地層中からプラントオパール（機動細胞珪酸《けいさん》体）が検出されるなど縄文時代後・晩期の稲作資料が増加している。鹿児島大学構内遺跡では中期までさかのぼる可能性さえ指摘されている例もあり、姫笹原《ひめささはら》遺跡や朝寝鼻《あさねばな》遺跡、南溝手《みなみみぞて》遺跡など縄文稲作の痕跡が集中する岡山県に並ぶ勢いだ。だが、これらをコンタミネーション（汚染）とみる見解も根強い。また、朝鮮半島でも漢江下流域などで四〇〇〇年前を前後する古い出土例が確認され始め（宮本一夫「朝鮮半島新石器時代の農耕化と縄文農耕」『古代文化』第五五巻第七号、二〇〇三年）、これまでの国内例をどう解釈するかが縄文農耕を巡る最大の論点となっている。

そんな状況下、南方からの北上説の経路に位置する南九州で見つかった最初期の水田稲作遺構が投げかけた意味は大きかった。

西部本社報道センターの担当デスクから、坂元A遺跡の件で相談したい、と連絡が入った。さっそく宮崎支局出稿の原稿を読んでみると、意外なほど淡々とした記事だった。これではなぜ新聞が報道しなくてはならないのかが全然わからない。坂元A遺跡の水田は小さく不整形で北部九州と趣を異にし、「著しく原初的」で「類例がなく、その解釈に苦しむ」（山崎純男「西日本の縄文後・晩期の農耕再論」、二〇〇三年）というものだった。ならば、たとえ水田稲作波及の中心地が玄界灘沿岸部であることが通説だとしても、南方ルートが絡んでくる可能性があるのならそれに言及してしかるべきであり、むしろそれこそがミソなのである。しかも、発表資料には、ひとつの選択肢として南方ルートの説明がかなり詳しく盛り込まれていた。

宮崎支局に問い合わせると、取材の結果、その可能性はないという感触を得た、とのことだった。南方ルートは地元の教育委員会が言っているだけで書き込む必要はない、と判断したようだ。

結局、支局の顔を立てながら、北部九州からの伝播が有力だが、それとは異なる系統との見方もある、というニュアンスをにおわせる程度になった。

翌日、積極論・慎重論を並立させ、解説入りで大きく報じた各紙に比べ、『朝日新聞』は明らかにデータ不足で、見劣りがした。

坂元A遺跡の発表では、親切にも、談話を求めるのに適した複数の専門家の連絡先が用意してあった。各紙は、そのリストにある研究者のコメントを引き、南方ルートに焦点を当てていた。『朝日新聞』にその研究者の意見はなかった。要するに、取材が不十分だったのである。

新聞には、自ら是非を下すことができない対象が多々ある。したがって、取材が十分過ぎるということはありえない。基本的な手順を怠った例として、他山の石としたい。

ネットワーク化の必要性

このような事例からもわかるように、専門的な学術記事への的確な対応を支局や通信局（通信部）に求めるのは、時として難しい。担当記者が、触らぬ神に祟《たた》りなし、と敬遠しがちになる気持ちもよくわかる。だが、それが不完全な商品を世に出してもよいという弁解にはならない。この問題の解決に、今、最も必要とされているのが情報の共有化だと、私は思う。

適材適所の掛け声はあちこちで聞かれるが、巨大な組織になればなるほどそれが難しくなるといっても過言ではなかろう。ならば、方法はひとつしかない。いかに組織内で効率よく情報のやり取りができるか、言い換えれば、組織間の垣根を越えていかに風通しをよくするか、である。西部本社で文化財の担当に就いたとき、心に決めたことがある。学芸部と社会部、あるいは支局・通信局とのネットワークの構築である。私にとっては、これが常に最大の課題であったし、成功したか否かは別としても、長期間の九州勤務はこの実験を可能にした。

むろん、こんなネットワークづくりが、すべてのメディアに意味あることだというつもりはない。たとえば、テレビは一般的に取材記者の数も新聞社に比べて劣るし、そもそも速報性に重点が置かれていることからニュースには簡潔さが求められ、記録性とともにある程度の分析の場が用意されている新聞報道とは基本的に異なる。また、NHKを除くと、在京キー局を中心に、各地の独立した放送局が緩やかなネットを形成しているわけだから、会社の壁を越えてまできめ細かな部分を検討することもなかろう。

一方、全国紙も複数の本社を抱え、それぞれが管轄地域の価値基準によって行動する。東京や大阪といった大本社になると、社会部にも文化財担当が置かれることもあり、部ごとに独立性が強く、自己完結する傾向にある。したがって、本社・支局間あるいは部際のネットワークづくりも、組織の規模や特性に左右されるといえよう。

だが、たとえば、後述する聖嶽《ひじりだき》洞穴問題において、全国的な組織である日本考古学協会が特別な委員会を設けたとなれば、舞台となった大分だけの問題ではなくなる。行政から事件・事故、さらには話題モノまで日々の取材活動をこなす多忙な一支局が協会の動きを常にウオッチしてゆくことはかなり難しい。

そんな特殊な例でなくとも、地方自治体による報道発表があったとき、支局から連絡をもらい、情報を共有することによって、学芸部から現場へ取材のアドバイスをすることは決して難しいことではないし、無用なミスを防ぐことにもなろう。それは学芸部にとっても、のちの文化面や特集面の記事を執筆するうえで大いに役立つのである。

連携が生んだ成功例

両者の連携がうまく働いた例を二つ、紹介する。二〇〇〇年三月、長崎県壱岐《いき》・勝本町《かつもと》で双六《そうろく》古墳の発掘成果の発表があった。盗掘されてはいたものの、六世紀後半の金銅製馬具や単鳳環頭《たんほうかんとう》・圭頭《けいとう》の大刀《たち》柄頭《つかがしら》、金の糸、新羅《しらぎ》土器など豪華な副葬品が見つかった。

離島を数多く抱える長崎県は、対馬や壱岐に支庁を置く。ところが、全国紙や通信社の記者は壱岐に常駐していない。記者会見の案内が支局まで届かなかったのか、それとも支局が重要視しなかっただけなのかはわからないが、会見には九州の大学関係者や奈良国立文化財研究所の専門家らそうそうたるメンバーが並んだものの、集まった報道陣はわずかだった。『朝日新聞』は前もってその情報を得ていたので、私と写真部、長崎支局員の三人で臨んだが、あとは地元の記者ばかりだった。その結果、発表モノにもかかわらず、全国紙では『朝日』の特ダネとなった。

もうひとつは、同じく長崎県対馬の、前述した三根《みね》遺跡。二〇〇〇年十月二十八日、『朝日新聞』は、峰町の三根遺跡山辺《やんべ》地区で、弥生時代終末を中心とし、弥生前期から古墳時代に連続する集落跡が発見された、と一面と社会面（西部本社版）で報じた。

『魏志《ぎし》』倭人伝《わじんでん》が伝えるように、対馬にはまとまった平野が乏しく、今も浦々に集落が分散する。が、朝鮮半島と九州の橋頭堡《きょうとうほ》にあたるためか、日本本土に見られない異形の青銅器を副葬した弥生時代の墓が密集する。三根湾周辺はその中心のひとつだ。にもかかわらず、弥生の集落遺跡はほとんど発見されていなかった。ここで弥生終末期の集落跡が確認されたことは、倭人伝が記す「対馬国」と時間的にも重なり、この時期の対外交流を考えるうえで重要な手がかりになると思われた。

実は、複数の建物遺構が出土したらしいという記事は一年前の長崎県版に掲載されていた。確か対馬に明確な弥生集落跡はなかったはずだと思いながら、長崎支局と連絡を取って取材を始めた。以来、支局の若い女性記者に一年にわたってウオッチしてもらい、準備を進めながら出稿のタイミングを待った。やがて、彼女から福岡の大学関係者が視察するとの連絡が入った。さっそく対馬に入り、その日のうちに特ダネとして出稿した。

情報の共有を支えるのは、記者と記者との信頼関係しかない。全国紙のように組織が大きくなればなるほど、なかなか思うように効果は上がらない。しかし、長期的な視野で考えれば、不断の積み重ねこそがネットワーク構築への唯一の道となるのは確かだ。

邪馬台国報道の構図

発掘関係記事のなかで、邪馬台国《やまたいこく》関係は質・量ともに大きなウェートを占める。邪馬台国が何らかの形で絡めば、扱いはぐっと違ってくる。なぜなら、邪馬台国論争は国民的関心事であると同時に、新聞の作り手にとってもなじみが深く、比較的単純で取っつきやすい「ニュース」だからだ。「邪馬台国」の文字は、マスコミにとっても重要なキーワードなのである。その結果、論争への強引な付会や、記事の本質でないにもかかわらず、その名を冠した見出しが立てられることも少なくない。

邪馬台国論争が江戸時代にさかのぼり、近代に入っては文献史学のうえで東京大学の九州説と京都大学の近畿説が火花を散らし、戦後には多くの作家やアマチュア歴史愛好家が参入して、百家争鳴の状態に至っているのは周知の通りである。わずか二〇〇〇字ばかりの『魏志』倭人伝の文脈を巡って、一〇〇人いれば一〇〇人の説が林立してきた。

しかし、めざましい考古学の発達と考古資料の増加は閉塞状態を切り開いた。元毎日新聞記者の岡本健一氏は「このアポリアを解くには、従来の古典力学とはちがった、新しい量子力学が必要であろう。さしずめ近世いらいの文献学的方法は古典力学であり、考古学・言語学をはじめ、隣接諸学の力を借りる古代学的方法が、量子力学にあたろうか」という（『邪馬台国論争』、一九九五年）。

いまのところ、考古学界ではほぼ近畿説に落ち着いているのが現状であり、「九州説を採る者にまともな考古学者はいない」との発言さえ聞かれるようになった。確かに、研究の深化から導き出される状況証拠は、いずれも近畿説に有利に働いているかに見える。だが、そもそも邪馬台国の実態解明に軸足を置いている研究者はほとんどいない。

なるほど、珍説奇説、言いたい放題の著書が氾濫しているのは事実であり、この状況が考古学者や文献史学者を邪馬台国問題から遠ざける要因になっているともいえよう。しかしながら、アマチュアにも松本清張氏の一連の著作のように鋭い観察眼をもって切り込んだ例は多々見られるし、今なお九州説を採る古代史家も少なくない。文献上の解釈は出尽くしたといわれながら、平野邦雄氏の『邪馬台国の原像』（二〇〇二年）などは、大胆かつ緻密なアプローチによって九州説を再構築し、カンフル剤のごとき強烈なインパクトを与えた。

考古学的な新知見が論争終結を導く鍵になりそうなのは衆目の一致するところだが、論争の緻密化に伴い、数理文献学や古天文学といった手法も導入されるなど、むしろ同じ土俵で議論をかみ合わせることが難しくなりつつあるようにも思える。

一方、考古学界内部でも目線を変えれば、邪馬台国の概念や卑弥呼《ひみこ》の共立の背景を巡って、大和地域における古墳をメルクマールとした後続政権の一元的な発生を主張する見方から、西日本あるいは東日本をも含む連合制的な見方までさまざまである。古墳に納められた副葬品の構成要素を分析し、北部九州や吉備の勢力が果たした役割を積極的に評価する説や、大和主導説を根本から見直した求心的集約モデルの提唱もある（寺沢薫『王権誕生』、二〇〇〇年、北條芳隆「前方後円墳と倭王権」『古墳時代像を見なおす―成立過程と社会変革―』、同年、柳田康雄『九州弥生文化の研究』、二〇〇二年ほか）。古墳時代の開始時期が三世紀半ばに達しようとしている現在、日本という国の原点を考えるにあたって、邪馬台国を抜きにしては語れない。

「邪馬台国論争は近畿説で決着したのに、マスコミはいまだに白熱した論争であるかのような風潮をつくりあげ、国民に間違った認識を与えている」という批判をよく聞く。だが、一九六〇年代、宮崎康平の『まぼろしの邪馬台国』をはじめとする著作が続々と刊行されて以来、荒廃から復興を遂げつつあった戦後日本のなかで、市民自らが知的欲求を満たす対象として、邪馬台国論争はもってこいの素材になった。多数のアマチュア愛好家を生んだ事実が、それを物語る。純粋な学問的論争が繰り広げられた時代から見れば確かに変質したけれど、同時にそれは極めて自発的な現象であったといえる。したがって、多くの市民がいまだに邪馬台国問題を論争として認識している以上、マスコミが邪馬台国を報じる意義はいささかも減じることはない。

前述の通り、新聞は学問そのものを報じるのではない。もちろん、事実を簡潔かつ正確に伝えることは大前提としながらも、読者がそれ以上の材料、すなわち論争の経緯や現状、複数の識者の意見などを求めるのであれば、私たちはその要求を受け止めなくてはならない。だから、メディアが恣意的に操作し、ミスリードしているという批判は再考されるべきである。現実に九州説の灯が消えていない以上、むしろ読者にそれを明らかにするという明確な意図をもって報道はなされるべきだと思う。

市民レベルの視点で考古学の普及に尽力した佐原真氏は、シンポジウムで司会すると、「邪馬台国は畿内ですか、それとも九州ですか。手を挙げてください」と会場に問いかけていた。会場が九州であれば九州説に挙手が多いし、盛大な拍手がわいた。近畿であれば、むろんその逆である。新聞もまた、邪馬台国論争の核心に触れるような発見がなされるたびに、近畿説と九州説を対峙して取り扱う。なぜなら、対立の構図は読者の好奇心をかき立てるとともに、論争の歴史や発掘の意義を説明するうえでも理解を容易にするからだ。

確かに、この「位置論」が、かつては国粋主義的なイデオロギーにかかわったこともあるし、『魏志』倭人伝という史料の持つ限界が、自由な空想を可能にさせるのと引き替えに厳密な科学的研究の進展を阻んできた側面があるのは否定できない（鬼頭清明「邪馬台国論争と考古学」『岩波講座・日本考古学7　現代と考古学』、一九八六年）。しかし、そこには、純学問的な命題とは異なる価値観もまた存在することを、改めて認識するべきであろう。

邪馬台国論争のように、極度に郷土愛が絡むテーマは、それぞれの地に一家言持つ愛好者がおり、もはや学問的な枠では収まらない社会現象としてとらえる方が実情にかなっている。卑弥呼が贈られたという「親魏倭王《しんぎわおう》」の金印が出土するなど決定的な証拠が提示されない以上、論争は永久に終息を迎えることはあるまい。学界の一部では終わった問題でも、社会的な目で見れば決して終わっていないのである。

文化財保護と報道

埋蔵文化財を取り巻く状況

現実的な保存運動の模索

埋蔵文化財の保護にジャーナリズムが果たしてきた役割は決して小さくない。一九五五年のイタスケ古墳（大阪府高槻市）の保存キャンペーンや、その後の名神高速道路建設に伴う保存運動などを嚆矢《こうし》に、七〇年の文化財保存全国協議会の発足をはじめとした意識の高まりのなかで、ジャーナリズムはこの問題とかかわり続けてきた。ちなみに、保存運動発展の歴史は、同協議会が結成二十周年を記念して刊行した『遺跡保存の事典』（一九九〇年）などに詳しい。

近年、平城宮跡地下に計画された京奈和自動車道のトンネル問題は世論の大きな関心を集め、反対運動が巻き起こった。それとほぼ時を同じくして持ち上がった、奈良盆地南東部の大和《おおやまと》古墳群内を貫通するバイパス問題も忘れることはできない。奈良県内外の学術団体から計画変更の要望が相次ぎ、シンポジウムも開かれた。

いわゆる、この「天理環状線」が計画されたのは半世紀前の一九五四年。その間の研究の進展は計画の前提となる状況の変化を明らかにし、従来の路線に固執し続けるのはナンセンスだとの声も噴き出した。二〇〇二年十一月、バイパスに一部かかるマバカ古墳が三世紀前半の「最古級」の築造という発表がなされた。

遺跡保護の声が盛り上がるなかにあって、マスコミ報道が社会に与える影響は大きい。事実、史跡として指定する行政側にも「新聞で一面に取り上げられるくらいのものでないと……」との認識さえある、と聞く。

遺跡が国民の共有財産である以上、そのすべてを文化財として残していくことが望ましいのはもちろんだし、そのためにマスコミは協力を惜しまない。だが、この問題は繊細かつ複雑である。新聞紙面で「保存」を高らかに謳い上げたとき、その陰で苦悩する人々はいないか。保存サイドがメディアを意識し、事態を針小棒大にしてしまう傾向がないと言い切れるか。報道に携わる人間には、物事を多角的にとらえる広い視野と市民の視点をもって世論の声に耳を傾け、常に自問自答していく姿勢、加えて報道機関としての主体性と読者のための情報媒体というバランス感覚が求められる。

「残せ」ということは簡単である。だが、無意味に、市民に多大な負担を課することは許されないし、なぜ残さなくてはならないかを説得力を持って説明し得る義務と責任がある。行政の予算を考えて保存は現実的なのか、長期的なスパンでの調査が保証されるような道はないのか、そんなあらゆる可能性と選択肢を考慮し、模索してゆくこともまた、メディアはもちろん、行政側にも学術機関にも不可欠なのはいうまでもない。

脆弱な法体系

日本の発掘調査体制は、世界的にみても最高レベルの充実度を誇る。しかしそれは、九割以上が開発に伴う行政主体による緊急調査の結実であり、他国を凌《りよう》駕《が》するノウハウの蓄積は必要に駆られた状況に起因しているとみてよかろう。悲しいことだが、その高度な技術と引き換えに、緊急調査は「記録保存」の名のもと、過去の人々の営みの痕跡を消し去る作業でもある。

考古学が「文化財保護法」という法律において実社会に絡《から》む特殊な学問分野であることは述べた。が、行政活動である緊急発掘の取り扱いは、全国的な「標準」や明確な罰則による担保があるわけではなく、あくまで行政指導の枠にとどまらざるを得ない。明治大学の矢島國雄氏が指摘するように、確かに、拙速で安易な「標準化」や「基準の設定」は低レベルな発掘調査に免罪符を与えることになりかねない懸念もあろう（「埋蔵文化財保護の今日的課題」『日本考古学』第4号、一九九七年）。しかし一方で、そのあいまいさが、ひいては開発側や市民の不信感を醸成してゆくことになっている。

つまり、開発側が発掘費用を支出するという、事業者にとっては一見、不可解な「原因者負担」の原則に理解を求めるため、発掘担当者には国民の財産という理念を持ち出して説得を続けなくてはならないという多大な熱意と労力が伴う。緊急発掘を担う自治体の専門職員はそんな悩みを抱え、日々の調査に取り組んできた。だが、開発業者が「原因者負担」に正面から挑んだ一九八〇年代の「静岡市上の山遺跡訴訟」は、行政指導の限界を印象づけた。そんな対立の打開策として、行政側が、費用を負担した企業の「協力」をより広く国民に認知してもらう努力を払うべきだとの提言もある。

行政法が専門の椎名慎太郎氏は、緊急課題の解決策として、分布調査や試掘・確認調査に重点を置くことで、本調査の数や範囲を縮小できるとともに、開発事業者の負担も軽くなり、結果的に遺跡の破壊もある程度少なくすることができる、という（『遺跡保存を考える』、一九九四年）。確かに理にかなった提言だ。ただ、現在、発掘調査のほとんどを担当しているのは自治体に身を置く専門家である。「行政内研究者」という言葉もあるように、この方法が彼らの研究者としての学究的熱意をそぎ、逆に遺跡の「処理者」となってゆく懸念はないだろうか。行政内の専門職は役人なのか考古学者なのか、という葛藤も絡む難しい問題である。

岐路に立つ文化財行政

今、文化財行政に大きな変化の波が押し寄せている。経済状況によって変動はあるが、多いときには年に一万件にものぼった緊急調査は、その発掘の性格から、ほとんどの遺跡の現状保存を許さない。したがって調査報告書が大きな意味を持ってくるわけだが、自転車操業的な過酷な現場の実態によって、刊行の遅延も少なくない。そこに、現状に即して報告書の内容を極力簡略化し効率化を図るか、それとも考察部分を充実させ、ひとつの遺跡に分析的な視点を盛り込むことを第一義とするか、という深刻な問題が浮上してきた。

倉庫に眠る膨大な出土遺物の取捨選択も議論の俎上《そじょう》にのぼっている。その現実は「将来研究対象となるかもしれないという不確定で、かつ、これまでの実績上はほとんど実現しなかった〝将来的な可能性〟だけで全数を保存しなければならないとすることは、国民、納税者に対する説明にはなりにくい」（和田勝彦「文化財保護の制度及び施策の現状」『文化財政策概論――文化遺産保護の新たな展開に向けて』、二〇〇二年）という様相を呈し、逼迫《ひっぱく》した事態は遺物の保管や活用法のみならず、緊急発掘調査の理念の再検討さえも迫っている。

従来から問題視されてきた出土品の保管・活用を巡っては、必要に応じて廃棄するべきか否か、調査担当者によっても意見が分かれるところだが、高齢化に伴う生涯学習の広がりや学校教育における総合学習への取り込みなど、危機的な状況打開への選択肢がわずかながらも意識され始めたのは喜ばしい。一九九七年八月の文化庁通知は各都道府県教育長あてに出土品の積極的な活用を求めるなど、発掘成果の普及をめざす視点が拡大してきた経緯もある。自治体の専門職員からは、保護行政主体事業型普及事業から「総合型地域クラブ」的住民グループ主体事業への転換、あるいは文化財保護法に代わる「埋蔵文化財普及振興法」といった法律の制定を求める声が出てきている（富樫雅彦「地域の特性を生かした埋蔵文化財保護行政（14）東京都心区」『考古学ジャーナル』四九九号、二〇〇三年）。

いずれにしても、「掘る埋蔵文化財行政」から「残す埋蔵文化財行政」へ、あるいは「発掘する行政」から「保存を考える発掘行政」へと、全体的に自治体に身を置く専門家の意識改革は進みつつあるようだ（高橋一夫・岸本雅敏・佐久間豊編『激動の埋蔵文化財行政』、二〇〇二年、「座談会・これからの埋蔵文化財行政を考える」(1)〜(4)『考古学研究』第四六巻第四号・第四七巻第四号・第四八巻第四号・第四九巻第四号、二〇〇〇・二〇〇一・二〇〇二・二〇〇三年）。

文化庁は一九九五年から、一定年度のめぼしい成果を全国で巡回させる「新発見考古速報展」を始め、多くの市民が考古学の「今」に触れることができるようになった。ちなみに、この巡回展については、後述する旧石器遺跡捏造事件を助長させる権威付けの役割を果たしたとの批判も出たが、それは一部を拡大解釈させた結果論に過ぎない。私は、最新の発掘状況を不特定多数の人々に知らせるための有効な手段として積極的に評価したい。巡回展の実現は、徐々に高まる市民の関心に対応した社会への還元が、国レベルでクローズアップされた結果にほかならない。

根本からの再構築を

発掘体制の見直しも出てきた。ひとつの調査主体の内部で、発掘調査とともに、それをもとにした研究・分析や啓蒙・教育活動など業務分化の必要性が説かれている。さらに、民間の発掘業者に積極的な参入を認めて現場を彼らにゆだね、地方公共団体である教育委員会はその保護や管理、活用に専念できるよう、業者との住み分けや分業体制を導入しようとの声もある。民間の発掘業者の参入については、調査成果の情報公開は保障されるのか、開発側の意向に押されて遺跡破壊が黙認されるおそれはないのか、などと慎重論があるが、実際、すでにそれに近い体制を構築中の自治体もある。

その結果、避けては通れない普遍的な調査水準の策定や、発掘担当者の法的資格の是非が真剣に考えられ始めた。二〇〇〇年度からは地方分権の流れに沿って、文化財に関する権限も国から都道府県へ委譲され、各自治体はより大きな責任と的確な見識を負うことになった。そのため、従来の実務は基本的に踏襲されるにしても、都道府県ごとにばらつきが表面化することも予想され、明確な方針と基準がますます必要とされよう。忘れてならないのは、それは行政サイドのみならず、開発側からも早急な対応が要請されている重要課題であることだ（浅見和紀「都市開発事業の変容と埋蔵文化財調査」『考古学ジャーナル』四五六号、二〇〇〇年）。

これらの難問は、文化財行政の専門家、大学や研究機関の研究者、そして市民の理解とコンセンサスなしに解決はありえない。さらに、行政や考古学界のみならず、文献史学や保存科学、社会学、報道機関など広範囲にわたる連携も必要である。

ただ、研究対象が細分化されつつある現在、「自身の研究課題に直接関係のない発掘には積極的・主体的関心を持たない。まして保存等にはまったくわれ関せずというのが正確なところ大半であろう」（関和彦「古代史研究者と文化財」『歴研アカデミー・遺跡が消える』、一九九一年）との危惧《きぐ》も払拭《ふっしょく》されていない。文化財の調査・保護に関するすべての問題を学問的対象ととらえ、文化遺産の後世への継承にかかわる学問体系としての「文化財学」の概念の創出も提唱されている（後藤宗俊「文化遺産の継承と『文化財学』」『ヒトと環境と文化遺産』、二〇〇〇年）。明確な意思統一のうえに立って、文化財保存行政を支える体制の構築が急務であろう。

同時に、市民における歴史意識の偏在への対処も、文化財行政を積極的に推進するうえで重視されてゆくことになるはずだ。

市民が持つ歴史認識は決して一様ではない。森本和男氏が指摘するように、大都市周辺の新興住宅地ではその住民が各地からの移入者で構成されるため、希薄で漠然とした、生活から切り離された歴史観しか持ち得ない。対して、地方はその地ごとの暮らしに結びついた共同意識やアイデンティティのよりどころとして、より深い愛着に基づく身近な歴史観が形成される。それは文化財の保護意識にも深くかかわってくる問題である。また、バブル期に全国で多くの歴史系博物館が建設されたが、圧倒的な発掘比率を占め、膨大な人口を抱える大都市圏において、人口と歴史系博物館との比率が地方よりも低いという逆転現象が起きているという（森本和男『遺跡と発掘の社会史』、二〇〇一年）。行政サービスの展開を重視するならば、そんな地域間格差を是正する必要があるのかどうかも検討しなければならない。

今、埋蔵文化財行政は、そのあり方を根本から再構築する時期にさしかかっているといえよう。

遺跡は生きているか

そもそも、遺跡を保存するということはどういうことだろうか。保存という言葉の背後には、保存される対象物がもはや活動を停止した状態、過去の遺産というニュアンスが含まれる。つまり、文字通り、過去の活動の証である「跡」を「遺」す行為である。

しかし遺跡には、いまだ活動を続けている、言い換えれば「生きて」いるものも含まれる。都会をのぞく大多数の地では、有形文化財や史跡といえども地域社会に溶け込み、切り離すことができない存在である場合が少なくない。保存には行政側の方針だけではなく、遺跡を取り巻く一般市民の意識が斟酌《しんしゃく》されなければならない。だが、住民の「遺跡」とともに生きるという本来の姿が摩擦を生み、結果的に文化財保護政策と対立するケースが生じている。

周防灘《すおうなだ》に面した福岡県苅田《かんだ》町に、大和政権勢力がどのように九州に波及したかを語るとき、常にキーポイントとなる有名な初期の大型前方後円墳がある。石塚山《いしづかやま》古墳である。全長約一二〇㍍、三世紀後半から四世紀初頭の、定型化したものとしては九州で最古・最大級の大古墳で、もちろん国指定史跡だ。一九九五年、墳丘上に建つ浮殿神社の改築に伴い、地元住民たちが許可なくここに道路を掘削するという「事件」が起こった。

地元住民でつくる浮殿神社修改築事業奉賛会は、地盤が軟らかくて大型車両の乗り入れが難しいため、コンクリートや鉄骨で補強工事をしようとしたらしい。国史跡で現状変更をする場合、当時は文化財保護法に則って文化庁長官の許可が必要だった。だが、奉賛会から申請は特に出ておらず、苅田町教育委員会は工事の中止を要請。奉賛会側はこれに反発し、混乱が生じた。結局、奉賛会は役員会を開き、原状回復の要請を受け入れることになったが、古墳や文化財というものに対する認識の違いを如実に物語る出来事だった。

古墳という崇拝の対象に神社が造られ、それを管理してきた地元住民にとって、古墳は今も生き続ける信仰の地であり、文化財や史跡という名で片づけられる過去の遺産ではない。住民のあずかり知らぬところで学問的価値に基づき指定された国史跡という石塚山古墳と、地域生活の一部である聖域。そこには文化財保存の前提となる「国民の財産」「公共の利益」において、相異なる二つの価値観が存在する。浮殿神社と一体をなす石塚山古墳は、その地域に生きる人々の財産である。その意味では住民の反応は当然ともいえ、一概に非難されるべきではない。

たまたま表面化した石塚山古墳の問題だが、それは氷山の一角に違いない。

石塚山古墳での混乱を国家レベルで拡大したものが陵墓問題といえよう。陵墓や陵墓参考地に対する宮内庁の見解は、今も子孫の天皇家が祀《まつ》り続けている意味において文化財ではない、との立場である。しかしながら現在、宮内庁書陵部が定める陵墓で、コンセンサスを得ているものは天武・持統合葬陵などわずかな例に過ぎない。安康陵などにいたっては宝来城という中世の城跡で、とても古墳とは認められないものまである。

陵墓は文化財か

記紀の叙述や十世紀成立の『延喜式』、江戸元禄年間の松下見林《まつしたけんりん》による『前王廟陵記《ぜんのうびょうりょうき》』、蒲生《がもう》君平《くんぺい》の『山陵志』などの記述と考証を踏まえ、著しくゆがめられた幕藩体制下の「文久の修陵」を引き継いだ新生明治政府は、強引な歴代天皇の陵墓治定を実施した。それはまさに近代国家をめざす日本が、富国強兵のための精神のよりどころを創出する極めて恣意的、人工的な幻想に満ちた国家的事業であった。橿原《かしはら》に出現した神武陵《じんむりょう》は、その最たるものであろう。

見落とされがちなのが地方に散らばる陵墓や陵墓参考地である。たとえば、鹿児島県川内《せんだい》市には、高天原《たかまがはら》から天降《あまくだ》った邇邇芸命《ににぎのみこと》（瓊瓊杵尊）の墓とされる「可愛山陵《えのさんりょう》」がある。どう考えても神話上の人物を被葬者と見なすことはできない。にもかかわらず、その墓は依然、現実のものとして存在している。しかも、この架空の墓は邇邇芸命陵であるからこそ、地元の人々の誇りとなって今も「生き続けている」のである。また、陵墓参考地から外されてもなお、淳和天皇をめぐる伝説が受け継がれてきた京都府向日市の物集女《もずめ》車塚古墳のような例もある。これら地方の陵墓・陵墓参考地について、外池昇氏は「天皇観の変遷、文献史料と伝承との相剋、地方と中央政府の軋轢《あつれき》、また文化財の継承」などの視点で、よりいっそう取り組まれるべき分野だという（『天皇陵の近代史』、二〇〇〇年）。

いまや、最新の研究によって宮内庁治定のほとんどは間違っていることが周知の事実となった。同志社大学名誉教授の森浩一氏による陵墓名排除の提唱も大方の賛同を得ている。しかしながら、宮内庁は明治以来の治定にしがみつき、一九七九年の白髪山古墳、いわゆる清寧陵の限定公開以来、徐々に緩和されてきているとはいえ、原則として学術機関の発掘を認めていない。

ところが皮肉なことに、陵墓指定のない古墳から、従来の治定に再検討を迫る科学的根拠に裏付けられた成果が次々と生まれている。たとえば、学界で真の継体陵《けいたいりょう》との見方でほぼ一致している大阪府の今城塚《いましろづか》古墳の発掘は、それを肯定するにふさわしい成果をあげた。そして、それが報道を通して瞬く間に国民一般の認識になった。

宮内庁にしても現在の治定が非科学的でナンセンスなのは当然、承知しているはずである。確かに、天皇陵および陵墓参考地の調査発掘を開放することは、従来の歴史的見解の否定がなし崩し的に始まり、学術目的の名のもと一気に乱掘が加速するおそれがないとはいえない。日本人としてのアイデンティティをそこに求める市民感情の反発も予想されよう。天皇陵のパラダイム変換とそこから発生する想像を超えた混乱は避けられないだろう。

それを懸念し、矛盾を感じながらもただ見守るしかできない宮内庁のジレンマと苦悩には同情したいところだが、それでは国民の認識とのずれは開く一方である。専門家の数さえ限定した発掘現場への立ち入りや遺物の展示など小手先の対応だけでは、もはや限界に来ている。関係学会との話し合いの上に成り立つ、抜本的なアクションと英断が必要となろう。

天皇陵は国の成り立ちを解明するうえで、無限の情報を秘める特別な存在である。私たちが国民主権の民主国家である日本国に属する以上、その内容を知ることに公的な権利は認められるはずだし、こうした学問研究の潮流は誰も止めることはできない（茂木雅博『天皇陵とは何か』、一九九七年）。人類全体の財産であることを前提とするユネスコの世界文化遺産への登録が公開への有効な手段になり得るとする意見もある（高木博志「近代の文化財行政と陵墓―皇霊と皇室財産の形成を論点に―」『日本の古墳と天皇陵』、二〇〇〇年）。現行制度に天皇や皇室を神聖化しようとするイデオロギーを認め、憲法の精神に反するという批判もある。陵墓や陵墓参考地の公開は、国民の関心の高まりとともに避けては通れない問題なのである。

ただ、私たちは一歩、踏みとどまって冷静に考えてみることも忘れるべきではない。いかに天皇家といえども、天皇が「人間」である以上、個人の権利を侵す危険性はないか、それらを誇りとする市民の気持ちを踏みにじる可能性はないか、皇室と民衆との対処は異なるべきなのか、国家が管理する墓という特殊な存在において私有財産権と公共の利益との関係はどうあるべきなのか。それらを明確にすることなしに、学界が宮内庁のかたくなな態度を非難するならば、それは単なるヒステリックで非建設的な感情論になりかねないし、両者にとって有意義なことではない。天皇陵が民主社会においてどう社会的に位置づけられるかを抜きにしての論議は、学術性を超えて民主主義のあり方さえも左右する問題へと発展しかねない。

遺跡保存に果たす報道の役割

発掘報道は、なにかと大げさに表現されがちだ。それが誤解を生み、読者の理解をミスリードしていく場合もないとはいえない。この点については、きりがないほどの批判があるので詳細しないが、報道人として常に自戒しなければならない課題であることは自覚している。

だが一方で、工業団地化されようとしていた佐賀県の吉野ヶ里遺跡において、一九八九年二月二十三日の報道後、わずか二ヵ月半で見学者数が一〇〇万人を突破、一日に訪れた最大数は一〇万人にのぼったという例（納富敏雄『吉野ケ里遺跡――保存と活用への道』、一九九七年ほか）をみるまでもなく、報道が遺跡保存に果たしてきた役割は、決して無視できない。世界的にも同様で、国際的な政府間組織である文化財保存修復研究国際センター（ＩＣＣＲＯＭ）では、メディアを巻き込んだ保存運動である「メディア・セーブ・アート」と呼ばれるキャンペーンを展開してきたという（三浦定俊「ＩＣＣＲＯＭ（文化財保存修復研究国際センター）、ＩＣＯＭ（国際博物館会議）の役割と日本の貢献」『世界の文化遺産を護る』、二〇〇一年）。

私も取材活動の中で、いろんな例に遭遇してきた。当初から意図的に行動したわけではないが、結果的に重要遺跡の保存に一役買ったことがある。

なかでも福岡県小郡《おごおり》市の上岩田《かみいわた》遺跡は思い出深い。

一九九八年九月、七世紀後半でもかなり早い時期の、九州で最古の古代寺院が見つかった、との情報が入った。ところが、金堂《こんどう》らしき基壇の周囲には大規模な掘っ立て柱建物群が配され、寺院というより、寺の機能をも備えた何らかの官衙《かんが》跡を思わせた。その珍しい配置から、有力豪族が独自に建立した地方寺院の初期形態との見方や、『日本書紀』に記載のある新羅使節団を迎えた大郡《おおごおり》・小郡《おごおり》につながる総合的な行政施設説、初期大宰府《だざいふ》の機能を一部担っていた国家的な拠点説など、諸説入り乱れた。

西部本社朝刊での扱いは、特ダネにふさわしく一面肩と第一社会面トップの大展開。東京や名古屋本社でも写真入りで社会面を飾った。工業団地予定地だっただけに、報道直後の小郡市当局の激しい反発も聞こえてきたが、無事、国指定史跡として保存されることになった。

問題となった遺跡の性格だが、いまのところ近隣の同じく国史跡である小郡官衙遺跡（小郡市）や下高橋《しもたかはし》官衙遺跡（大刀洗《たちあらい》町）へ移動する前の、全国でも数少ない、律令期郡衙の前身である評《ひょう》制初段階の遺構との見方に落ち着きつつある（小田富士雄「上岩田遺跡の構成と歴史的位置」『小郡市文化財調査報告書第一四二集・上岩田遺跡調査概報』、二〇〇〇年）。しかし、筑紫平野と福岡平野を結び、大宰府にも近接するという立地から、小郡官衙遺跡自体に単なる郡衙ではない、もっと特殊な性格付けをする研究者もおり、前身である上岩田遺跡も、前述の諸説に加えて、七世紀に百済《くだら》救援に向かった斉明《さいめい》天皇が九州に造営した朝倉　橘　広庭宮《あさくらのたちばなのひろにわのみや》説まで現れ、話題に事欠かない。いずれにしても、古代官衙の成立をたどるうえで欠かせない資料になった。

一九九九年春に催された奈良県立橿原《かしはら》考古学研究所附属博物館の春季特別展「蓮華百相――瓦からみた初期寺院の成立と展開」には、さっそく上岩田遺跡のコーナーができていたし、同年秋には小郡市で地元ロータリークラブの主催による上岩田遺跡のシンポジウムも開かれた。保存決定後、ある学会で、記事を書くうえで力になってくれた人が「報道された当時、私は悪者になりましたが、国史跡になった今では感謝される存在になりました」と苦笑いしながら語っていたのを見て、こちらもうれしくなったものである。

ある遺跡において、保存を求める学界や市民の要望があり、その一方で反動勢力があった場合、保存の必要性を認めたマスコミ報道は、よりセンセーショナルな話題提供に偏りがちだ。それは往々にして、成果を必要以上に誇大に解釈したり、事実をゆがめたり、さらには誤謬《ごびゅう》を含む危うささえ持つ。遺跡の保存問題に絡む報道は常に両刃の危険性を抱えていることを、肝に銘じておく必要があろう。

日本では開発に伴う緊急調査が発掘の大部分を占めるにもかかわらず、罰則規定のない届け出制であるなど、調査主体となる行政側は法的強制力を持たない。遺跡の保護という観点からみた場合、現行制度がシステム上の限界を有する以上、それを左右するのは開発側の善意と理解に負うところが大きい。

ならば、開発事業者を含む不特定多数の市民一般に埋蔵文化財の重要性をより深く知ってもらう意味において、マスコミの貢献は決して小さくないはずである。

復元を考える

過去の姿を今に伝えるとはどういうことか。埋蔵文化財が国民の共有財産である以上、その成果は可能な限り国民へ還元しなければならない。最も効果的なのが視覚に訴えることである。遺跡の活用問題にもつながる課題であるが、これが意外にやっかいだ。最も面倒なのが「復元」という作業である。

伝統的な石造りによる街が遺した断片や写実的な美術から過去の様子をかなり正確に知ることができるヨーロッパなどに比べて、遺構といえば穴ばかりの日本で、当時の建物の復元は悩みの種だ。あえて挑むとすれば、考古学者だけでなく、建築史家や民族学者も含めて、どんな復元が合理的なのかが話し合われる。それはときとして、解釈の違いや方針の対立を引き起こす。なかでも、現段階ではっきりしていることに限った復元に抑えるか、それとも、学術成果を踏まえながらも可能な限り想像をかき立てるような建造物を認めるか、は大きな焦点といえる。ここでは二つの対照的な復元例を取り上げてみよう。

九州では二〇〇〇年、弥生時代をテーマにした大型史跡公園の開園が相次いだ。佐賀県神埼《かんざき》郡の「国・県営吉野ヶ里歴史公園」が華やかに開園（第一期）した同じ四月二十一日、大分県国東《くにさき》町では「安国寺《あんこくじ》集落遺跡公園」が完成、町民らがそのオープンを祝った。だが、遺跡公園への異なるアプローチは、両者の景観に大きな違いを際だたせることになった。

安国寺遺跡の場合

のどかな田園風景に溶け込むように九棟の高床《たかゆか》式建物がたたずむ安国寺集落遺跡公園。その復元方針は、「実像を遺す」という理念に集約されている（『史跡安国寺集落遺跡整備事業報告書』、二〇〇一年）。あくまで発掘成果の枠内に立ち、「わからないものはわからないまま、誇張せずに」という等身大の復元にこだわった。

安国寺遺跡は一九五〇年代に発見された。「西の登呂《とろ》」とも呼ばれ、安国寺式土器の設定でも知られる、

図４　のどかな田園に囲まれた大分県国東町の安国寺集落遺跡公園

弥生時代終末から古墳時代初頭にかけての集落跡である。ここからはほぞ穴などの加工を施した角材や丸太、板など約四七〇点の建築部材が出土し、復元への手がかりとなった。

国東町歴史体験学習館によると、復元部材として取り寄せたのは、すべて出土品と同じカシやシイなどの広葉樹だ。一般的な建築材として使われるスギやヒノキをあえて避け、伐採段階から地元の森林組合に依頼し、二年かけて調達した。柱穴は三〇棟分出土したが、その重なり具合から三分の一ほどにとどめ、余分な装飾は極力避けた。物見櫓《ものみやぐら》など目立った建造物もない。道は土を踏み固めただけ。雨が降ったら水たまりができるが、不便さもそのままにした。

開園時のパンフレットには「日本初!! 復元高床住居」とある。やや挑発的なコピーだが、忠実な復元への自負をアピールしている。

吉野ヶ里遺跡の場合

一方、吉野ヶ里遺跡は、いうまでもなく弥生遺跡の代名詞的な存在である。開園日はあいにくの雨にもかかわらず、新聞は一面に大きく取り上げ、テレビは全国中継するなどにぎやかだった。五月連休までの人出は一一万四〇〇〇人余りにのぼった。

北内郭には「主祭殿」など一一棟の建物が城柵《じょうさく》に囲まれてそびえる。南内郭南西には三〇棟の高床倉庫が姿を現して、完成時には遺跡全域に一〇〇もの建物が並び建ち、『魏志《ぎし》』倭人伝《わじんでん》のクニを体験できる空間の演出を謳う。

特に主祭殿には、最も格の高い建物として、当時の最新技術である総柱型の台輪式の高床建築案が採用された。台輪式とは、床下と床上の軸部を分けて床下の束柱の上に台輪を置き、その上に柱を立てて壁を作る様式である。北内郭の祭祀《さいし》的性格を考慮し、より「祭祀的な荘厳さ」を加えることになった（『国営吉野ヶ里歴史公園建物等復元基本設計報告書』、一九九七年）。

吉野ヶ里には、脚光を浴びた分だけ、「行きすぎた復元だ」「拙速だ」と批判がつきまとった。が、基本設計から携わってきた佐賀女子短期大学の高島忠平氏は、市民が共有財産である遺跡の価値を享受するための方法として復元はあるといい、最大公約数のイメージの許容を強調してきた。高島氏に言わせれば、吉野ヶ里のような大規模集落にはいろんな形の建物があったはずで、むしろすべて同じだった

図5　華やかにオープンした国営吉野ヶ里歴史公園北内郭の建物群

と考える方が不自然だという。なるほど、完全に忠実な復元が不可能なら、現実の限界と復元の間を埋めるのは研究者のイメージしかない。

国土交通省の公園工事事務所は「多くの人に興味を持ってもらうための導入部を担うのが歴史公園であり、そこには公園としての懐の深さが求められる。吉野ヶ里だからこそ、その試みが可能だった」と力説した。つまり、復元建物の第一義的性格を、生涯学習や歴史の普及活動などソフト面に欠かせない舞台装置としてとらえるわけである。積極的な立体復元を認め、博物館施設と歴史公園を継続的な体験学習の場にするなど、多角的な活用を図る「動態保存型」が今後の主流になるとの意見（安蒜政雄編「文化財の保存と活用」『有斐閣双書・考古学キーワード』、一九九七年）にも通じよう。

市民により楽しく歴史体験をしてもらい、歴史への興味を抱くきっかけとなる材料を提供するのが歴史公園の役割である以上、吉野ヶ里公園に託された理念もまた、ひとつの選択肢であろう。

学術的配慮と社会還元の両立を

街を歩けば、公園として整備はしたものの人々を惹きつける魅力に乏しいのか、訪れる人もおらず、荒れ果てた復元住居が寂しげにたたずむ光景をよく目にする。一方で有名遺跡には、まるで高さを競うかのように立派な建物が出現した。

「高さを決めるのは学問ではなく、行政の事情」と皮肉る声もある。確かに、見切り発車的な復元は、訪れる人々への誤った知識のすり込みや価値観の固定化、遺跡に対する自由なイメージの阻害などをはらむ（中野宥「史跡整備の現状と課題」『考古学ジャーナル』四五八号、二〇〇〇年）。ただ、時代を超えて、巨大建造物に「見せるため」の要素が強く作用していても決して不思議ではない（国立歴史民俗博物館編『高きを求めた昔の日本人――巨大建造物をさぐる』、二〇〇一年）。吉野ヶ里遺跡や大阪府の池上曾根遺跡は、批判や学問的制約を超えて、早期の国民への還元と、より活発な議論を期待する試案としての復元を優先させた例といえよう（七田忠昭「吉野ヶ里遺跡」・乾哲也「史跡　池上曾根遺跡」『考古学ジャーナル』四六三号、二〇〇〇年）。

図6　装飾板などに様々な趣向を凝らした池上曾根遺跡の復元建物

池上曾根遺跡における復元経緯をみると、高床式なのか平地式なのか、装飾板の絵物語の採用の是非など、さまざまな曲折とともに、関係者の熱い思いが伝わってくる（摂河泉地域史研究会・乾哲也編『よみがえる弥生の都市と神殿――池上曾根遺跡～巨大建築の構造と分析』、一九九九年）。かつて私も見

図７　緑豊かに整備された福岡市の板付遺跡

学し、やや行き過ぎの感じもしたが、当時の様子を知る者はいないのだから、荒唐《こうとう》無稽《むけい》だと決めつけることはできない。いずれにしろ、真実はひとつなのだから、それがわからない以上、復元に未確定の学問的理由を超えたコンセプトが許容されるのは必然といえるかもしれない。だが、復元を急ぐあまり、調査が短兵急になることを憂慮する指摘（文化財保存全国協議会編「遺跡保存と展望」『遺跡保存の事典』、一九九〇年）があることも、十分肝に銘じておくべきであろう。

インパクトのある大規模な復元は、強力な観光資源となり得るに違いない。それは埋蔵文化財の社会還元という視点に立てば、一概に否定されるべきことではあるまい。しかし、それ以上に重要なのは、遺跡を地域住民の暮らしの一部として有効活用してゆくことである。

福岡市の板付《いたづけ》遺跡では「現代人自身がつくるムラ」

図８　福岡県甘木市の平塚川添遺跡で毎年催されている住民向けのフェスティバル「邪馬台国 in あまぎ」

として、周辺住民や児童らによる市民参加型の保存・活用が図られている。田植え体験や稲刈り、秋祭りなどの行事を催し、遺跡を大切に思う心の育成や子供たちの総合学習に一役買っている。福岡県甘木《あまぎ》市の平塚川添《ひらつかかわぞえ》遺跡では、毎年春に「邪馬台国inあまぎ」が開かれ、地域社会の活性化に役立っている。いずれも吉野ヶ里ほどの立派な復元建物があるわけではないが、既存の施設を通して人と人、人と遺跡が触れ合い、生活のなかに溶け込みながら、なくてはならない存在になっている。

これからも日本全国で続々と史跡公園が造られてゆくことだろう。それに携わる考古学者や建築史家、あるいは行政側の担当者には、学問的な視点と市民サービスとの視点の両立が問われることになる。ときには両者の間に矛盾が露呈する場合もあろうが、歴史的な整合性を加味した現代社会のバランス感覚に立つ建設的な検討のなかで、きっと乗り切ってゆくことができるはずだ。学術的に誤った印象を与えずに、いかに集客力ある魅力的な復元にするかは、これからも模索してゆかねばならない大きな課題である。

古人骨は文化財か

毎年、多くの文物が諮問にかけられ、国、都道府県、市町村の各レベルで史跡や文化財の指定を受ける。それは保存すべき国民の財産としての同意を得たことを意味する。

特に埋蔵文化財は、出土時に話題になったものに指定が集中する傾向があるが、伝世品ではない以上、これは当然のことであろう。ただ、その価値基準が珍しいとか貴重だというお宝的な「珍品主義」に偏りがちなのは否めない。行政による指定の如何《いかん》を問わず、一般的な認識もほぼ同様であろう。それは保護意識にも微妙な影響を投げかけている。

埋蔵文化財の対象は石器や土器、金属器ばかりではない。たとえば人骨。誰もが一つずつ持っているものだけに、珍しくともなんともない。しかしながら、酸性土壌を主体とする日本列島で長い時間を経て残った古人骨は、人類の進化や日本人の起源、さらには日本の文化や歴史を知る重要な手がかりとなる。

だが、発掘現場では邪魔者扱いされたり、大学組織内の事情で保管している資料がお蔵入りしてしまったりと、取り巻く環境は厳しい。古人骨が埋蔵文化財であることを国民に認識してもらうために、学問的あるいは学史的に価値の高い人骨を重要文化財に指定する積極的な働きかけの必要性も指摘されている（日本学術会議人類学・民族学研究連絡委員会「古人骨研究体制の整備について」、一九九七年）。そんな国民認識の醸成に、報道が果たす役割は決して小さくない。

二〇〇三年、福岡県志摩《しま》町の新町《しんまち》遺跡と筑紫野《ちくしの》市の隈《くま》・西小田《にしおだ》遺跡の弥生人骨が県の重要文化財指定を受けた。九州大学の中橋孝博氏は「文化財を指定する意義として、失われた過去の社会を考えるうえで貴重な情報をもたらす遺物を保護し、子孫に伝える、ということがあるなら、古人骨こそ、その対象にふさわしい」と評価している（二〇〇三年三月一日付『朝日新聞』西部版文化面）。

たかが骨である。しかし、両遺跡における出土状況からは、弥生人の激しい争いの様子さえ浮かび上がってくる。具体的な形として目に見えるものではないが、その行間を読むことによって、古人骨は人間社会の成立過程をつぶさに教えてくれるのだ。歴史的背景まで踏み込んだうえでの指定は評価されるべきものであろう。

保護対象の明確化を

どの時期までをもって遺跡と認定するか、も考えなければならない。一九九八年の文化庁通知「埋蔵文化財の保護と発掘調査の円滑化等について」では、おおむね中世に属する遺跡までを対象とし、それ以降は地域における有用性に鑑《かんが》みて、事案ごとにその判断を該当地域にゆだねている。だが、中・近世遺跡の増加や、産業遺産あるいは近代化遺産などと呼ばれる近代国家への道のりを示す遺構群、さらには第二次世界大戦を中心とした戦争遺跡などの重要性を叫ぶ声は増す一方だ。

そこには当然、地域差が生まれるし、認識の軽重やずれが発生するだろう。戦跡ひとつとっても、日本列島のなかで唯一の地上戦を経験し、多大な犠牲を払った沖縄とその他の地域とでは、市民感情も反映して考え方の違いは決して小さくはないはずである。遺跡としての価値を、具体的にどう平均化してゆくかも考えてゆかねばならない。

超一級の遺跡ながら範囲が確定できないという理由で、史跡としていまだ未指定のものも多い。『魏志』倭人伝に登場する奴国や伊都国の中枢とみられる福岡県春日市の須玖《すく》遺跡群、同県前原《まえばる》市の三雲《みくも》遺跡群などがそうだ。

特に須玖遺跡群は福岡市のベッドタウンとして住宅が密集するなかに位置するため、調査も虫食い状態にならざるを得ない。面的な大規模発掘により全体像が把握できたことから、異例の早さで特別史跡として認定された吉野ヶ里遺跡と対照的である。歴史的価値は吉野ヶ里をしのぐにもかかわらず、制度上の取り扱いに大きな矛盾が生じている。

このジレンマを早急に解決するのは難しい。が、遺跡保存は点から面へ、周囲の景観全体を視野に入れたものへと変化しつつある。福岡県太宰府市や奈良県明日香村など、自治体あげて「まるごと博物館構想」に取り組んでいる所もある。二〇〇五年、太宰府市には、歴史をテーマにした九州国立博物館が開館する。設立準備室長の三輪嘉六氏は、この博物館建設を広大な大宰府遺跡保存の帰着点と位置づけた。

埋蔵文化財は、決して過去のモニュメントではない。それどころか、常に私たちの価値観や思考を映し出す合わせ鏡のような存在である。かねてより、文献史と考古学とが有機的に一体となった「遺跡学」の必要性が唱えられてきたところではあるが（坪井清足「歴史学と遺跡学――わが国の史跡指定を振り返って」『新版・古代の日本①　古代史総論』、一九九三年）、二〇〇三年二月、現代社会における遺跡の意義を多角的に検討することなどを目的に「日本遺跡学会」が旗揚げした。広範囲な視野をもって、埋蔵文化財が抱えるさまざまな社会的問題の解決に道筋をつけてくれることを願ってやまない。

消えゆく民俗文化財

文化財はモノばかりではない。伝統芸能や音楽、舞台、生活風習、祭りなど無形のものも対象となり得る。保存の観点から特に問題になっているのが、悠久の時間とともに人々の生活をはぐくんできた日本の原風景と、そのなかで地域住民が受け継いできた民俗の分野である。

画一化する生活様式

今、日本列島では画一的なライフスタイルの普及によって急速に地域社会の独自性が消滅している。その動きと歩調を合わせ、地域性を具現化してきた祭りや風習が失われつつある。それは本土のみならず、遠く海に隔てられた民俗資料の宝庫である南島地域でさえ例外ではない。たとえば、琉球《りゅうきゅう》王朝の聖地、久高島《くだかじま》で受け継がれてきたイザイホーも、島の過酷ともいえる数々の年中行事の継承義務と現実とのギャップから生じた後継者不足により絶えて久しい。都市化にともない、便宜性のみの追求から、○丁目□番地という無個性な表記に置き換えられているいにしえの歴史的地名もまた、同様である。これら研究対象の喪失は、フィールドワークを基本とする民俗学の性質や方法論さえ変えようとしている。

民俗風習や祭りは庶民の生活と密着する。したがって、これらを受け継ぐ住民や地域社会が合理性と引き換えにその必要性を認めなくなれば、必然的に廃れていくのが運命であろう。それは非難されるべきことでもなく、時の流れとしか言いようがない。当事者が必要ないと判断したものを、あえて生き永らえさせることにどれだけの意味があるのか、と問われれば、私には即答できない。

しかし皮肉なことに、各地の生活様式が普遍化し、同じ情報を共有する時代になってはじめて、それまで自分が生きてきた世界では当たり前だと思っていたものがそうではないことを認識できる状況が生まれた。すなわち、グローバリズムにともなう相対化によって見えてきた地域の個性や多様性が住民意識の変化を促し、アイデンティティを失うことへの危機感を募らせる原動力となっている。自らの無形財産を必死に守り抜こうとする動きが各地で始まっているのである。

広がる記録活動

市民のみならず、研究者やメディアも動き始めた。九州大学の服部英雄氏が講座の学生を総動員し、古代条里制が残る佐賀平野のいわゆる「しこ名」を採集してまとめ上げた『二千人が七百の村で聞き取った二万の地名、しこ名—佐賀平野の歴史地名地図稿──』（二〇〇一年）や、大分県立宇佐風土記の丘歴史民俗資料館（現・大分県立歴史博物館）を中核とする一九八一年からの「国東半島荘園村落遺跡詳細分布調査」などは、その好例である。

服部氏の研究は、膨大な集成の中から人々のかつての暮らしや信仰形態、地域社会の構造を浮かび上がらせる大変な労作で、今後の地名研究の指針となり得る業績といえよう。田染荘《たしぶのしょう》を中心とした国東の中世村落の総合的な把握も、早稲田大学の海老澤衷氏が説くように、近世の絵図や史料を駆使して当時の景観を復元した点において、その手法が他の地域にも援用できる可能性を示唆するものとなった（「近世絵図による中世居住空間の復原──くにさきのムラを対象として──」『歴博フォーラム・描かれた荘園の世界』、一九九五年）。また、近年人気が集まっている京都の町家を対象にしたボランティアによる緻密な調査も特筆できるだろう。

マスコミにおいては、数々の活字メディアや写真集はもちろん、二十一世紀を前にNHKが明確なコンセプトのもと、都道府県ごとに制作した「ふるさとの伝承」シリーズは、テレビの特性を最大に生かした映像の記録として意義深い試みだったといえる。

記録性に優れる新聞もまた、ニュースあるいは連載といった形でそのつど、地域の祭りなどを報道してきた。

ここでは私自身が訪れた、二〇〇二年晩秋の八重山《やえやま》諸島・竹富島《たけとみじま》の種子取祭《タナドゥイ》と、二〇〇三年が始まって間もない知念《ちねん》村・久高島《くだかじま》の旧正月行事、そして、九州のみならず日本の秘境として有名な、九州脊梁《せきりよう》の最も奥に位置する宮崎県椎葉《しいば》村の食文化を例にとってみたい。

竹富島の夜

十一月十八日、竹富島は島最大の行事「種子取祭」のハイライトを迎えようとしていた。普段は牛車観光などで知られるのんびりした雰囲気も、この日ばかりは一変する。

雨が今にも降りそうな朝。空模様と裏腹に、人口三〇〇人ほどの竹富島は活気にあふれていた。早朝から火の神と農耕の神をまつる世持御嶽《ユームチオン》前の庭で、棒踊りなど八つの芸能を奉納後、特設舞台で三一の芸能が続く。御嶽《ウタキ》を正面に、周りを大勢の見物客が取り囲む。ビールや泡盛《あわもり》が振る舞われ、座は大騒ぎだ。

演目二番目の「弥勒《みろく》」ではミルク神が登場する。南島のミルク神は柔和でユーモラスで、まことに福々しい。ミルクは弥勒のなまり。が、海の彼方の理想郷ニライカナイから豊穣を運んでくる神が、端正な本土の仏と同じ姿形であろうはずがない。竹富のミルクは道路など歩かず、舞台以外では決して目に触れない神秘的な存在だという。だから、幕間から二〇人余の子どもたちを引き連れ、黄色い衣装をまとったミルクが現れたとき、人々は笑いとともに、今年も出会えたという安堵《あんど》の表情を浮かべる。

夜六時過ぎ、延々と続いた舞踊や狂言が幕を閉じる。すっかり暗くなっていた。しかし、祭り

図9　竹富島の種子取祭での奉納芸能に登場するミルク神

はこれからが山場である。みんなで唄を歌って豊穣を招くユークイ（世乞い）が始まるのだ。女性神職である神司《カンツカサ》を先頭に人々が行列をつくり、二手に分かれて島内の家々へなだれ込む。神への奉納ということでそれまで遠慮がちだった観光客も、ここからは無礼講である。

来訪神が豊穣をもたらしてくれる、という観念は南島全域に広がる。もっとも祭りの作法や段取りは島々によって異なるようだ。たとえば同じ先島《さきしま》の一角を占め、宮古島の北に位置する池間島《いけまじま》では、ユークイを執行するユークインマたちを見ることは忌避され、極めて秘儀的要素が濃い（比嘉政夫「ユークイ、ンナフカ―来訪神への豊作祈願―」『探訪神々のふる里[一]　はるかなる海の道』、一九八二年）。開放的な竹富島とはおよそ対照的で、それぞれ違いがあって興味深い。

図10　夜を徹してにぎやかに行われるユークイは開放的な雰囲気に満ちている

〽ハイエ　ちちぬにぬ　たにどぅる
　アガル　ピャーシユ
　ムチキャル　ピャーシ
（竹富公民館「世乞い唄」より）

銅鑼《どら》に合わせ、道唄《みちうた》を歌い踊りながら玄関をくぐると、行列は庭先で渦を巻き始める。でたらめながら、私も知らぬ間に手踊りに加わっていた。ここには人を引きずり込む不思議な引力がある。

家の中に上がり込むと、待ち構えているのは、泡盛にニンニクとタコを盛った小皿。ニンニクは強い生命力、八本足のタコは多産の象徴だ。つまみながら、先祖のトートーメ（位牌）に向かって、また歌う。訪問を重ねるにしたがって酔っぱらいも増えてくる。座はますますにぎやかになる。国立歴史民俗博物館名誉教授の比嘉政夫氏がいう、ばらばらの個が統一され、やがて集団的共有へと移行してゆくプロセスを、見事に反映していたように思う（『歴博ブックレット④　沖縄を識る——琉球列島の神話と祭り——』、一九九八年）。

集落ではいつ果てるともなく、にぎやかな歌声が続いている。宿がある対岸の石垣島への臨時便は午後十時だ。もう時間がない。後ろ髪を引かれながら、船着き場へ向かった。

種子取祭は穀物の健やかな生育を祈る祭事で、国の重要無形民俗文化財である。旧暦甲申《きのえさる》から一〇日間。七、八日目の世持御嶽での芸能奉納でピークを迎える。島唯一の寺、喜宝院蒐集館の話では、竹富は種子取祭を軸に一年が回る。それを支えるのは住民の共同体意識である。だからお年寄りも安心して暮らしていけるのだという。

芸能奉納の前日は精進の日。玄関前を掃き浄めていた男性は「昔は掃除なんてできなかったよお。色の着いたお茶も飲まなかったし、三線《さんしん》も弾かない。踊りの稽古も浜辺で。でも、みんな石垣島に引っ越した。私もね」。竹富は珊瑚礁《さんごしょう》の島なので、水田に向かない。農地を開拓するため島民は西表島《いりおもてじま》へ出かけていった。過酷な人頭税《じんとうぜい》であえぐ暮らしをしのぐため、そうせざるを得なかった暗い歴史が横たわる。ある古老は「それこそ昔は死活問題だったから祭りも盛大だったけれど、今は廃れていくばかりさあ」とつぶやいた。

だが祭りが近づくと、島を離れた人が続々と戻ってくる。一〇軒ほどの民宿も満員状態だ。観光客ばかりでなく、宿の親類縁者も少なくない。

「確かに内容は簡単になったがね、型はしっかり残していかないと。型がなくなったら元も子もないから」。祭りを仕切る竹富公民館関係者は、そう語った。

久高島の旧正月を歩く

琉球開闢《かいびやく》の聖なる島、それが久高である。琉球王朝の精神面を支えるために体系化された聞得大君《きこえおおぎみ》を頂点とするノロ制度と深いかかわりを持つ神々の島だ。

一二年ごとに催される有名な神事イザイホーによって、島内で生まれた三十歳から四十一歳の女たちは神に仕える身として神女となる。イザイホーは第一尚氏時代に起こったとされ、新たな神女が生まれるための、一種の通過儀礼といえる。島の年中行事を鮮明に撮影した二時間にわたる記録映画で見るだけでも、その神秘さは際だっている。

長い黒髪を振り乱し、奇声をあげて足踏みする激しい動き。片面に太陽と鳳凰《ほうおう》、片面に月と牡丹《ぼたん》を描く巨大な扇子を持ち、白い神装束《しょうぞく》で輪になって舞う姿。静と動が混じり合うこの不思議な神事に魅せられた島外の人々は少なくなかろう。久高島では、数え方によって差異はあるが、一年に三〇近くもの祭祀《さいし》が執《と》り行われる。

しかし、これら数々の年中行事の光景が見られなくなる日は近い。王朝時代以来、厳格に守られてきた型式が崩れ続けているのである。

旧正月の元旦を明日に迎える大晦日の一月三十一日、久高島は静かだった。

午後五時、知念村安座真港発久高島行きの最終便に滑り込んだ。一五分ほどの航行後、上陸した港から集落までは歩いてもすぐの距離。南北に長い島の付け根にあたる。

南島での取材には、予想外のことがよく起こる。港で同僚と落ち合い、その夜は同僚の友人でもある具志川出身のフリーライターの計らいで、彼女の知り合いのお宅にお邪魔することになった。正月の三日間、久高島では四つ足を食べることはできない。だから、大晦日は夜通しで、泡盛とビールを片手にすき焼きパーティーとなった。そこが、前年までソールイガナシーを務めた男性のお宅だったと知ったのは翌日のことである。

アルコールも手伝って会話が弾む。沖縄本島から帰ってきていたナビィさんの話では、海の神は女だから、女性に嫉妬するそうだ。「それにね、沖縄の神様も神無月には出雲へ向かうんだよ」。これまで南島の世界は、文化人類学あるいは民俗学で説かれている通り、本土と異なる信仰体系ばかりが目についていたので、これには少し驚いた。出雲詣ではともかく、人々は常に神々とあると思っていた沖縄でも、ある時期、神が人の前から姿を消して、別世界へと旅だってゆくことになる。ならば、それはいったい、どこなのだろう。

谷川健一氏は、南島では正月を意味する「シツ（節）」を、初穂《はつほ》儀礼や収穫祭など稲作の過程に対応させる暦が作られたうえで、一年は九月までで十月は月の数に入らなかったとする一方、かつては本土の神無月もまた、神々が「根の国」に姿を消すことを意味していたのではないか、という（「『古琉球』以前の世界」『海と列島文化6　琉球弧の世界』、一九九二年）。本土で暦の導入によって失われた世界が南島に根強く残っていたとするならば、奥深い古層で両者がつながっていたと考えても不思議ではない。では、琉球の神々が旅立つ先も根の国なのか。それは柳田国男が『蝸牛考《かぎゅうこう》』の方言周圏論で説くような、いにしえの言語表現や文化・習俗の残滓《ざんし》が周縁部に見え隠れすることを物語るのであろうか。

それはともかく、独自の神観念を持つ南島の人々にも、ナビィさんがいうような現在の本土的な認識があるのなら、それはヤマトによる琉球処分以来の同化政策、あるいは今なお生き続ける皇国史観を軸とした戦時教育の潮流と無関係ではあるまい。

酒宴で盛り上がるなか、私たちが宿泊施設の交流館に引き揚げたのは午前一時を過ぎていた。

神々の島の変質

元日の朝は太平洋の水平線から上るすばらしい初日の出で幕を開けた。午前十時頃、祭場となる外間殿《ほかまドウン》の広場に三々五々、人々が集まってきた。少女たちが赤い華やかな晴れ着を着て、照れくさそうにしている。

外間殿の建物のなかでは、シャクトゥイ（盃事）が始まった。男たちが年長者から二人ずつ列をつくって順番を待っている。三線や太鼓に合わせ、終わるたびに前庭でカチャーシーを踊る。踊って神への感謝の気持ちを表すのだという。ビールも振る舞われて、場はどんどん華やぐ。何度も踊りたがる人がいたりして、なかなかおもしろい。

だが、死者を出した家族は喪に服すため、このハレの舞台に顔を出すことはできない。前日、

図11　カシャーシーで盛り上がる久高島の旧正月行事

すき焼きの宴で出会い、泡盛を酌み交わした首里在住の男性も弟を亡くしたばかりだった。

彼のお宅に、昼過ぎ顔を出した。喪に服すといっても、じっとしんみりしているわけではなく、親類縁者が集まって、マグロやイカを刺し身に楽しく一杯やっていた。「みんな小・中学校の同期会として帰ってくるよお。これが目的だねー」。島全体、親戚みたいなものだからいろんな人がやって来るし、子供たちは相変わらず元気だ。またもご馳走になってしまった。

そんなわけで、島の旧正月は酔っぱらいたちのにぎやかな声であふれていた。

しかし、水面下では、この神々の島の変質が静かに進行している。

久高島では、村が二つに分かれていたときの名残といわれる外間・久高両ノロ以下、外間根神《ニーガン》、根人《ニーンチュ》、ノロや根神を補佐する御前居《ウメーギ》といったクニガミたち、男神職ソールイガナシーや村頭など、役割が事細かに決まっている。神女たちもまた、六十代のタムトゥや五十代のウンサク、神女に成り立てのナンチュなどと年齢によって段階が分かれる。久高の祭事には、このさまざまな役回りの一つ一つが不可欠なのである。ところが、あちこちで欠員が生じ、祭りの進行にも影響を及ぼし始めている。

この日、最高位の司祭者である外間ノロは本島の病院に入院中だった。そのため、外間殿でのシャクトゥイには代理が立った。盃のやりとりは複雑だ。しかし、外から様子をうかがう限り、代理の外間ノロが何らかのしぐさをしているふうには見えなかった。外間ノロの役目は外間ノロ以外には、誰もできないのである。一〇〇回も島に通ったという写真家、比嘉康雄氏が写真集『神々の古層』に遺した、一九七〇年代の詳細かつ簡潔な記録との相違、時間の流れを改めて思い知ることになった。

島の人口は三〇〇人近い。横這い、または微増を見せるなど、必ずしも過疎とは言い切れない。島の行事の衰退の背景にあるのは、むしろ、生活様式や社会の変貌に伴う有資格者の減少、そのために伝承通りの役割分担を維持できなくなっているという内的要因だ。

二〇〇三年現在、二年交代だから負担は比較的軽いはずの二人制のソールイガナシーも一人しかいなかった。なによりも神事を支えてきたクニガミや神女がどんどん減っている。複雑な祭りの式次第を伝承する後継者は絶えてしまった。それは、ニラーハラー（ニライカナイ）の神々や御嶽にあるウプティジシ、シジガユーといった祖霊はもとより、太陽神、月神、海神などの自然神、火神、水神といった生活を支える神々が構成する久高島の宇宙観自体の消滅を意味する（比嘉康雄「久高島の空間観と神々」『南西日本の歴史と民俗』、一九九〇年）。

昔は、女たちが島から出ることはほとんどなかった。神事の多さから物理的に不可能だったという以上に、それは神女である証であり、数々の行事を守り抜いてきた誇りでもあっただろう。イザイホーなどは、島の外にはいっさい口外できない秘儀的性格を持っており、戦前までは徹底した排他性を維持していたようだ。だが今は、そんな時代ではない。

一九七八年を最後に、一九九〇年、二〇〇二年とイザイホーは行われなかった。神女の退役は七十歳。長くて任期は四〇年前後だから、単純に計算すれば二〇二〇年を待たずしてイザイホーを経験した神女は途絶える。これは久高島の精神的支柱の断絶にほかならない。

もちろん、島に人がいなくなるわけではない。だが、首里王府時代から続いてきた命脈は失われ、仮に残ったとしてもそれは形骸化されたものに過ぎない。

重層する南島文化

今なお神々との〝交信〟が続く南島。そこでは日常生活と神々が結びついている。独特の世界観はどのように生まれたのだろう。琉球諸島の古層を解き明かすには、日本本土のみならず、中国華南や朝鮮半島、台湾、東南アジアなど広い視野が必要だ。

ニライカナイへのあこがれ、祈りの場となった御嶽、厚い祖先信仰、洗骨習俗、深い絆で結ばれた門中集団、豚を中心とした食文化……。この地特有の習俗を挙げればきりがない。ただ、それを一言でいえば、南方由来の文化に北方的な要素が重層した社会である。そこには、南北という空間の融合に加え、旧来と新来の文化がお互いに存続しながら複雑に折り重なった構造がある。

柳田国男はかつて、稲作が琉球弧に沿って北上したとする「海上の道」を説いた。壮大な仮説ながら、あまりに詩的で実証性に乏しかったためか、長く黙殺されてきた。だが、近年、稲作の伝播《でんぱ》ルートは必ずしも一つに限定する必要はないとの見方から、「海上の道」の見直しと再検討が始まっている（渡部忠世『稲の道』、一九七七年ほか）。それは何も稲作に限ったことではなく、むしろ稲作の伝来ルートから解き放つことで、黒潮と南風に乗って南からの文化の流れが見えてくるとの指摘もある（谷川健一・藤井貞和・赤坂憲雄「『海上の道』と南島文化――柳田国男の思想の再検討」『東北学』6、二〇〇二年）。国際日本文化研究センターの千田稔氏は「柳田は民俗学の解放を、つまりより学際的な海に民俗学をのびのびと泳がせようとしたのではないか、と思う。そうとしか、思えない」という（「特集2シンポジウム・海上の道――再考」『日本人と日本文化』12、二〇〇〇年）。

「海上の道」の是非はともかく、文化人類学からは「踏耕」など南方文化の伝播が説かれ、雲南や貴州など中国南部に発した「照葉樹林文化論」の波及も絡む（佐々木高明『照葉樹林文化の道』、一九八二年、『日本文化の基層を探る』、一九九三年ほか)。遺伝学からは朝鮮半島からの水田稲作伝播以前に、南方を起源とする熱帯ジャポニカの琉球弧沿いの北上を説く見解(佐藤洋一郎『稲のきた道』、一九九二年ほか)が出ているし、八重山地方の在来種の形質分析からは、そこに典型的なジャポニカの品種はなかったことが指摘されている(安溪遊地「南島の農耕文化と『海上の道』」『稲のアジア史』3、一九八七年)。

さらに芋栽培に焦点を合わせ、琉球弧における二倍体の染色体を持つ熱帯系のタロイモなどが南方世界に分布することや農耕具の検討から、稲作以前には、南から北上した芋文化が生活基盤の大きな比重を占めていたと想定する考えもある(青柳まちこ・安里嗣淳・国分直一「イモ文化再考」『季刊自然と文化』32、一九九一年)。

そんな古くからの基盤を、本土から波及した文化や、十四世紀以降の冊封《さくほう》制度による中国との交渉で伝わった新しい文化が覆った。だが、表層の隙間のいたるところから古層がひょっこり顔を出し、むしろ自然に共存しているのがいかにも南島らしい。

たとえば年中行事。南島では、なぜか夏に大きな行事が多い。上江洲均氏は、それを一年に二つの「正月」があった名残だという。沖縄では水田稲作が流入するまでは、粟や麦など雑穀や芋類が食生活の中心だったようだ。琉球王朝によって暦が固定されてゆくまでは、前半は稲の初穂《はつほ》や刈り取り、後半は芋類など冬への準備と、明確な区切りが存在したが、そこに仏教が入ってきた結果、夏の新年である旧暦七月の行事がお盆などに変質したのではないか、とみるのだ。
奄美の新節、先島のシツや本島のシバサシなどの行事がそれを物語る。本土に近いトカラ列島において、仏教的な行事である盆踊りの最中に、突如として奇怪な異形の神が割り込んで混乱を巻き起こす悪石島《あくせきじま》の祭り「ボゼ」などは、南島古来の基層体系に新しい信仰が覆いかぶさった強引な融合を示唆する好例であろう。

男を守る女たち

女性の霊的な力を重視する数々の慣習も南島を特色づける。その典型がかつてのノロ制度。按司《あじ》が割拠した八、九世紀に誕生した女性神職が、首里王府の尚真王時代、聞得大君を頂点とする女性の司祭組織として体系化され、末端の公儀ノロや八重山のツカサたちが精神面で島々を統括していった。まさに支配のための巧妙な装置といえるが、しかし、その底流には伝統的な庶民のオナリ信仰があったようだ。

オナリ神とは家の主人に連なる姉妹の霊をいう。南島ではオナリが兄弟のエケリを守るという構図が古くからあり、漁に出る男たちの守護神として重んじられるとともに、「草分け」の旧家のオナリは祖霊との交信の役割も担った。島々に伝わる伝説にも兄妹原理が多く、沖縄の神観念に対偶神・夫婦神が数多くみられるのも、奥底に兄妹始祖伝承が生き続けている結果との指摘もある（湧上元雄「久高島と神事—御新下りとイザイホーを中心に—」『海と列島文化6　琉球弧の世界』、一九九二年）。兄妹始祖伝承は、かつて民族学者の岡正雄が説いたように、中国南部や東南アジアにも接点を持つらしい。

それにしても、女性を精神世界の頂点とするこの思想は、かつての母系社会の名残であろうか。大和朝廷の斎王《さいおう》と天皇との関係、古くは『魏志』倭人伝の卑弥呼と男弟との関係にも似て、昔から論議のあるところだ。

近代、ノロ制度は琉球王朝の崩壊で失われたが、南島の人々が女性に霊威を見る伝統は現在もユタに引き継がれている。その発生過程は明確ではないが、神がかった超常的な力を持つ、ある種のシャーマンといえよう。十七世紀以来、首里王府が「トキ・ユタ邪術禁止令」を定めるなど支配層から度重なる迫害を受けてきたが、それでもユタは、災難を避けたり、病気回復の祈願をしたりと生活に溶け込み、庶民にとっては今もなくてはならない存在である。稲福みき子氏はむしろ、そんな神々と人々をつなぐ宗教的職能者の存在こそが沖縄の民俗宗教の底流をなしてきたとみる（「神々を繋ぐ人々——沖縄のユタとノロ」『東北学』2、二〇〇〇年）。

南島ではマブイ（魂）が信じられている。このマブイが強いショックを受けて肉体から離れることがある。そんなとき、魂を引き戻す「マブイ込め」のためにも、ユタは欠かせなかった。また、人々の不安を和らげるカウンセラー的な存在でもある。ほとんどのユタが女性なのも、南島の人々が女性にセジ（霊力）の高さを求める古来の精神的風土を保ち続けていることを明快に物語っているようだ。

南島にいにしえの精神世界や宇宙観が根強く生き続けているのはなぜなのか。背景にあるのは、共同体社会の保守性とも、移動の少ない完結した島々という地理的理由ともいわれる。海に閉ざされた世界で、人々は水平線の彼方にニライカナイという楽土を信じ、豊穣や豊漁をもたらす神々を乞い願った。小島瓔禮氏は御嶽の信仰に、大地を鎮める効果とともに、ニライカナイの神を迎える意図を読みとっている（「琉球の民俗に映る古代」『新版・古代の日本③　九州・沖縄』、一九九一年）。とすれば、海山問わず、生活の中心には、遠いニライカナイの世界がいつも宿っていたともいえよう。

一方で、ニライカナイは「根の国」に通じる先祖のいる世界であり、災厄や荒ぶる神々が住む地でもあった。アカマタ・クロマタやパーントゥといった異形の神々の来訪もそのたぐいであろう。そこには「寄りもの」への崇敬の念がにじみ出ている。

竹富島で島民と一緒になって騒いだユークイの一夜。それもまた、私たちをささやかな来訪神として受け入れてくれたからなのだろうか。

椎葉で鯨を喰らう

宮崎県椎葉村といえば、最後の秘境として全国的に名高い。柳田国男がこの地の狩猟文化を採集した『後狩詞記《のちのかりことばのき》』に始まる日本民俗学発祥の地として、近年はその存在が縄文時代にさかのぼるともいわれる焼き畑の伝承地として、あるいは神楽《かぐら》や平家の落人伝説の里として。

近年は五ヶ瀬から南下するルート上に国見トンネルが開通したり、立派な椎葉民俗芸能博物館が竣工したりしてぐっと身近になったが、柳田が、壱岐《いき》よりははるかに大きく隠岐《おき》よりは少し小さい、と描写する通り、かなりの広さを持つ村域に五〇ほどの集落がぱらぱらと点在する様は、いまだ秘境の名に恥じない趣である。

二〇〇三年一月、ここで同僚とともにちょっと変わった取材をした。およそ海の物産とは縁がないと思われがちな椎葉で、数年前まで鯨が常食されていたという。かつて保存食としての鯨が遠く山の集落まで運ばれていた歴史的事実は、椎葉に限らず、比較的あちこちにあるが、古ければ古いほど流通システムやルート、それを担った集団・組織の実態はよくわからない。いわば、秘境と鯨の接点を探る旅である。

村人の証言や民俗学研究者の意見を聞くだけではつまらない。そこで、椎葉で鯨を食おうという奇抜なアイデアをひねり出した。同僚が福岡で買った鯨を土産に、村で昔ながらに料理してもらおうというわけだ。快諾してくれたのは、竹の枝尾地区の、あるお宅。地区の主婦三人が集まって、「懐かしいねえ」「こりゃ本物だわ」とひとしきりほめてもらった後、料理が始まった。椎茸《しいたけ》や筍《たけのこ》などをぶち込んだ鯨の煮付けと、「むっけえ」と呼ばれる鯨の麦粥《むぎがゆ》である。

竹の枝尾集落の人々は代々、大柄で体格が良くて、肝っ玉も太い。それはこの地区の人々が特に鯨を好んだからだ、といわれてきた。考えようによっては問題になりかねないところだが、

「その通りだよ。鯨肉を食べられるのは裕福な証拠だったのだから。ここの土質はよくて、よく作物ができるのさ」と、住民は笑い飛ばす。

『後狩詞記』の影響か、東北のマタギに並ぶ狩猟の民としての印象が強い椎葉だが、実際は、狩猟に携わる人々よりも、林業や焼き畑耕作などで生計を立ててきた人が多い。保存食としては猪《いのしし》肉のみそ漬けがあったが、焼き畑などの山仕事で暮らす者にとっては、猪肉に代わる保存食として鯨が重宝されたようだ。事実、猪肉は「山鯨《やまくじら》」と呼ばれた。

では、奥深い山に、海の鯨はどこから、どのように運ばれて来たのだろう。

かつて椎葉と里との流通を担ったのが「駄賃付け」だった。トウモロコシや椎茸など山の幸を馬の背に乗せて山を下り、里からは塩鯨や鰯《いわし》など海産物を運ぶ。合理的な物流システムである。駄賃付けが出入りする店には、物品のみならず下界の情報も集まったに違いない。駄賃付けは、情報の伝達役としても欠かせない存在だったのである。

そもそも日本人と鯨とのかかわりは古い。熊本を中心に縄文時代中期の九州に広がる阿高《あたか》式土器の底には鯨の脊椎《せきつい》の断面痕が残る。脊椎を土器づくりの土台にした証だ。この、いわゆる「鯨底」は、椎葉に近い球磨《くま》川上流からも出土している（金田一精「鯨底の話」『ミュージアム九州』64、一九九九年）。弥生時代に壱岐・原の辻遺跡出土の壺に刻まれた鯨と船の絵は捕鯨を描写したものとの見方があるし、古墳時代になれば長崎県小長井《こながい》町の長戸古墳の石室にも鯨と船が描かれている。また、律令期に入っては、『肥前国風土記』の壱岐の産物に鯨が見える。

ただ、捕鯨の歴史が縄文時代までさかのぼるかは、賛否が分かれるところ。日本列島では石川県の真脇《まわき》遺跡などでイルカの骨が大量に出土しているものの、かなりの鯨骨が出ているという韓国の東三洞貝塚に比べても鯨骨の出土はあまりに少なく、実態は捕鯨というより寄せ鯨（迷い鯨）の単発的な捕獲に近かったとする論もある（立平進「西海漁業の歴史と民俗」『風土記の考古学』5、一九九五年）。

海の幸と山の幸

「鯨一頭七浦潤す」といわれた組織捕鯨が本格的に始まるのは近世からだ。江戸期の『西海鯨鯢記《さいかいげいげいき》』によると、五島や壱岐、平戸など西北九州沿岸部に「鯨組」ができ、多いときは七〇を超えた。一組五〇〇人前後が必要とされるから、まさに巨大産業である。一七〇〇年前後がそのピークだったようで、塩の大量生産が鯨の保存を可能にしたらしい。

椎葉の鯨食がいつ始まったかはわからない。が、西海の鯨組の活躍は、それが江戸時代までさかのぼる可能性を暗示させる。もっとも給食の竜田揚《たつたあ》げにもなるほど鯨が出回るようになったのは、さらに新しい遠洋捕鯨の隆盛による。近年の椎葉の鯨食もその恩恵を受けてのことだろう。

椎葉は秘境といっても、阿蘇神宮の支配下や人吉藩の預《あずかり》になるなど複雑な歴史をたどったように、決して孤立した存在ではなかった。むしろ峠を越えた各地との往来は古くからあり、庶民の流通はかなり盛んだったようだ。ことに熊本県球磨盆地とのつながりが深かったらしい。球磨の鯨は味がよく、有明海の鰯もごちそうだったと村民は口をそろえる。若狭から京都へ鯖《さば》を運ぶ有名な「鯖街道」ならぬ「鯨街道」である。

山と海を結ぶおもしろい話がある。

椎葉の猟師は醜いオコゼを手に入れ、珍重した。山の神は女だから、醜いオコゼを喜ぶのだそうだ。猟のたびに一枚、また一枚と紙でオコゼを包み、それを開けることは許されない。しかしなぜ、オコゼなのか。柳田国男の「山神とヲコゼ」以来、解明されていない謎だが、鎌倉時代後期の陰陽道史料である『文肝《ぶんかん》抄《しょう》』には山の神祭りとオコゼのかかわりが記されており、その発生は上流階級の宗教儀礼にさかのぼるとの見方もある（永松敦『狩猟民俗と修験道』、一九九三年）。

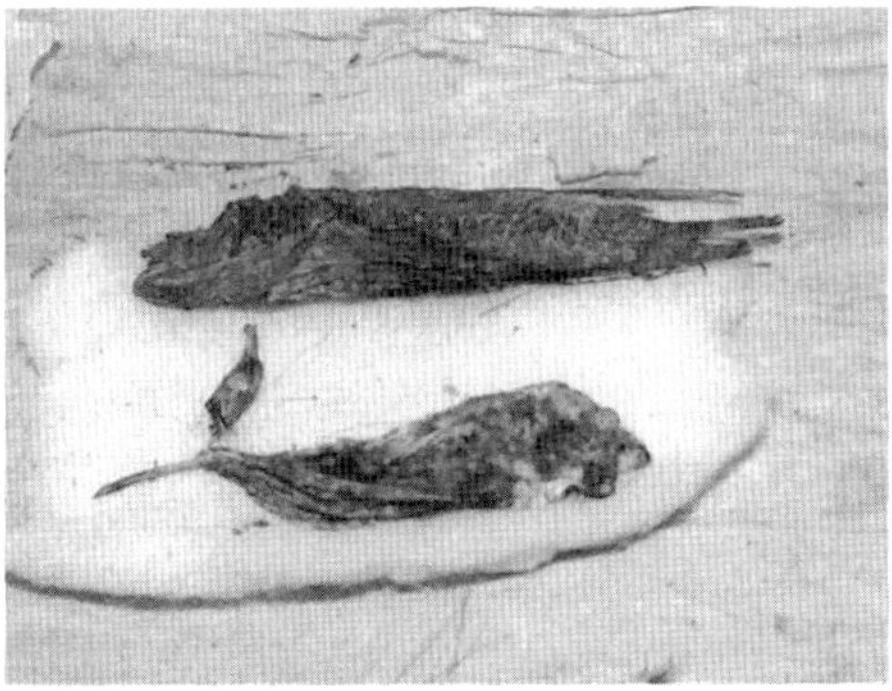

図12　椎葉の狩猟文化と深く結びついたオコゼ

そういえば、久高島でのナビィさんの話では、海の神も女の神で、やはり嫉妬深いとのことだったから、共通点があって興味深い。民族考古学の泰斗《たいと》、国分直一氏は、古い壁画や線刻画に見られる狩猟や海獣の捕獲に携わるシャーマン的人物がともに股間に巨根をのぞかせていることから、山や海の神はいずれも「女主」だったと想定している（『日本文化の古層』、一九九二年）。オリンポスや八百万《やおよろず》の神々も喜怒哀楽が激しいいし、人並みに理不尽なこともする。多神教の神々が素朴で親しみやすく、ユーモラスにさえ思えるのは、超自然的で厳格な一神教の世界と大いに違うところだ。

いまも椎葉の庶民の記憶として残る山の鯨。これもまた、先人が知恵を絞ったささやかな暮らしの残照であろう。

失われゆく庶民の遺産

国指定の重要無形民俗文化財から失われつつある庶民の日常文化まで、三つの例を挙げて概観してきた。

国立歴史民俗博物館名誉教授の小島美子氏が「路地を歩けば、いつもどこからともなく三味線の音が聞こえていたという。私は沖縄に初めていったとき、路地を歩くといつも三線（三味線）の音がどこからともなく聞こえるのを、とても羨ましく思ったものなのだが、実は東京下町でも、同じような状態だったわけである」（「民俗学の新しい課題」『みやざき民俗』第五〇号、一九九六年）と小文にしたためているように、かつては地域的に離れていても、暮らしのなかで似たような風情に触れることができた。日本列島という風土と時間の蓄積がはぐくんだ、広範囲に共通する文化的まとまりが存在したのだろう。一方で、そのなかには、個別地域の風土を反映する無数の民俗風習や年中行事のバリエーション、またはもっと日常生活レベルでのしきたりや決まり事が存在した。

しかし、交通網の発達や情報の共有による価値観の統一、あるいはライフスタイルの画一化によって、それらは単純化され独自色を失ってゆき、かつて持っていた意味さえも忘却されようとしている。同じ状況は暮らしと神々の信仰が密着する豊かな個性を誇った南島にも当てはまる。薩摩藩の進出または明治以降、村々のレベルにおいても、オナリ信仰に基づく女性上位の観念の喪失、あるいは聖と俗との逆転が著しい（仲松弥秀「琉球弧の信仰」『海と列島文化6　琉球弧の世界』、一九九二年）。

こんな流れのなかで、フィールドワークを基本に置く民俗学の研究手法もまた、おのずと変化を迫られている。比嘉政夫氏は、祭りや行事という形あるものに気を取られてこれまで気づかなかったものに視線を向け、変化しながらも残り続けるものは何なのか、そうさせるコアは何なのかを探るため、現時点における定点観測的な方法論の導入を提言し、さらにそこから得た沖縄のデータから、失われた本土の地域性を再構築してゆけるのではないか、と考える。極めて斬新な逆転的発想だが、それは具体的な研究対象の消滅によって新たな方法論を編み出さざるを得ない民俗学の苦境を物語るものでもあろう。

いずれにしても、ある程度、形として残ったものは幸いといえよう。記録されることなく、人知れず消えていったものは数知れない。それは民俗風習のみならず、ひとつひとつの名にそれぞれの思いが込められた無数の歴史的地名についてもいえることである。

国連教育科学文化機関（ＵＮＥＳＣＯ）は無形文化遺産の重要性を認識したうえで、一九九八年までに「人類の口承及び無形遺産の傑作の宣言」を、二〇〇三年には「無形文化遺産保護条約」を採択した。無形遺産は有形遺産と違って流動性を持っているだけに、その価値の変質や伝承者の消滅に絶えず脅かされている。また、選択と格付けによる淘汰の発生など、有形遺産以上に複雑な問題をはらむ（垣内恵美子「文化財に関する国際交流・協力と世界遺産条約・無形遺産プロジェクト」『文化財政策概論――文化遺産保護の新たな展開に向けて』、二〇〇二年）。

しかしながら、無形遺産がその本質を継承しながらも、時間の経過のなかで多かれ少なかれ地域社会に適合させる意味での積極的な変化を繰り返してきたことは必然であるし、現在の汎世界的な概念と枠組みを越えたところでその価値観との間に齟齬《そご》が生じるのは当然のことであろう。

重要なのは、なぜ、ある限られた集団が一定の慣習・風俗をつくり出し得たか、どうしてその必要性があったのか、という本質を抽出し、あらゆる無形文化財に共通する普遍的な基層を見極めることであり、そのためには、より多くの素材の保護はもちろん、あらゆる記録を集積してゆかねばならないという認識を共有することではなかろうか。

今、私たちが目にしているものは、たとえそれが断片的な過去の残滓であったとしても、時代の流れをかいくぐり、たまたま生き延び得た、極めてまれで貴重な存在なのである。

世界に見る文化遺産政策——ドイツを中心に

数千年前の考古学的資料から歴史的価値を持つ美術品、あるいは今の暮らしを築いた近代化遺産まで、文化財にはさまざまな形態がある。しかし、共通していえるのは、それらが過去から現代を経て未来へつながる時間軸上に位置する、人類が遺したかけがえのない知の結晶であることだ。

文化遺産をどう後世に受け継いでいくかは、私たちに託された大きな課題である。ここでは、世界でも先進的なシステムを持つとされるドイツを中心に、ほんの一部ながら世界の情勢を概観してみよう。

街は生きている

二〇〇二年秋、私は、二〇〇〇年の歴史を持つ古都ケルンや、ルール工業地帯の中核として近代化を支えた数々の産業遺産を擁するノルトライン・ウエストファーレン州を歩く機会に恵まれ

図13　とても教会のなかとは思えない聖ペーター教会の内部

た。そのなかで垣間見えてきたのは、文化財を積極的に「活用」しようとする市民の取り組みだった。

　ケルン市の中心を流れるライン河畔の木々は、早くも鮮やかに色づいていた。

　大通りから外れて小道に入る。ひっそりと聖ペーター教会はあった。ステンドグラスから朝日が差し込む内部は、白一色のがらんとした空間。ただ中央に、当たり前のようにルーベンスといわれる絵がかけられ、その前にはスペインの作家エドワルド・チリダンの積み木細工のようなモダンな祭壇があった。床には蓮《はす》の葉のようなオブジェが二つ置かれ、壁の所々に抽象画がかけられている。新旧の時間的な隔たりを何か超越した、不思議な空間のように思えた。

　ここはローマ時代、浴場だったという。六世紀以降、キリスト教会が建った。そして今、二〇〇〇年の改装をへて、ときおり行われる宗教的機能は残しながらも、現代美術の展示場や音楽ホールとして利用されている。二〇〇二年六月には、奈良の正倉院に残る楽器を復元した現代音楽のコンサートも開かれたそうだ。

ケルンの文化財登録は九五〇〇件。七〇％が住宅、残りが教会や産業遺跡である。旧市街の昔風の住宅には多くの人々が住む。街の八〇％は第二次世界大戦で破壊されたが、戦前の写真などをもとに復元が進んでいる。だが、過去の街並みをそのまま再現しようというのではない、と市文化財保護局長ウルリッヒ・クリングス氏は強調した。「もちろんローマや中世など時代ごとに遺産は保護する。でも、ケルンは街が変化することを認めている。なぜなら街は生きているのだから」。

日独の法体系の違い

そのせいか、近代建築と古風な文化財との折衷《せっちゅう》も多い。ホールや会議場に使われ、一九九九年のケルン・サミットの舞台ともなったギュルツェニッヒは、空襲で内部が壊れたままの教会とつながっている。大きな窓があり、教会の惨状を見るたびに戦争の愚かさが人々の目に焼き付く。

クリングス氏の案内で市庁舎の屋上に上った。眼下にはライン川にかかるホーエンツォレルン橋、その向こうに大聖堂の巨大な姿。周りにも教会が点在し、それらが最も目立つ。一方、視線を両側に向ければ、近代的な高層建築が連なる。歴史的景観と近代建造物の住み分けは一目瞭然だった。

連邦国家ドイツは、一六州がそれぞれ独自に文化財保護に関する法体系を持つ。多少内容は違

図14　新旧の建造物が融合するケルン市のギュルツェニッヒ

図15　そびえ立つケルンの
シンボルの大聖堂

うが、大差はない。

なかでも大きいのは税制面の優遇や財政的支援。自治体や州、場合によっては財団や連邦から補助があるので一概にいえないが、ノルトライン・ウエストファーレン州では年間、文化財保護部門から二〇〇〇万ユーロ、都市開発部門から五〇〇〇万ユーロの予算が出る。公共性の高い教会などには州が修復費用の七〇～八〇％を負担することもある。また、ケルン市でも、保護のための投資と認められたら、その一〇％が一〇年間、つまり最終的に投資した金額分の一〇〇％が補助されるという。

デュッセルドルフにある州政府の文化財担当シュテファン・バイオール氏が力説していたのは、家など建物は活用しなければ結局は取り壊されてしまい、人間がいないと保てない、ということである。そんな意識は市民社会の隅々まで行き届いているようだ。それが伝統的建造物に住むことへのステータスにつながっている。

では、日本がたどった歴史的景観の保存のあゆみを振り返ってみよう。

日本でも、建造物から有形文化財まで包含する文化財保護関連の法制度は、その目的を変えながらも段階的に整備されてきた。古くは一八七一年の太政官《だじょうかん》布告による「古器旧物保存方」、続いて九七年の「古社寺保存法」、一九一九年の「史蹟名勝天然紀念物保存法」、二九年の「国宝保存法」、三三年の「重要美術品等ノ保存ニ関スル法律」などが制定され、四九年の法隆寺金堂壁画の焼失をきっかけに翌五〇年、これらを統合する形で「文化財保護法」が成立する。景観を重視したところでは、一九六六年に京都、奈良、鎌倉などを対象とした「古都保存法」が、八〇年にはその特別法として「明日香村特別措置法」が生まれる。一方で、七五年には市町村が主体となる「伝統的建造物群保存地区」の新類型が、文化財保護法の改正によって追加された。さらに九六年、歴史的建造物の活用と保護を両立させようという新たな視点から「登録有形文化財制度」が創設され、古い街並み保存の意識が市民レベルでも高まりつつある。それは何も都市空間に限ったことではなく、前述した大分県豊後高田市の田染荘《たしぶのしょう》で展開されている中世荘園の景観保存運動など田園地帯においても同様である。

目立つ産業遺産の再生

モノ作りに秀でたお国柄らしく、ドイツで目立つのは産業遺産だ。一九七五年、西欧諸国は保護の時間的な枠を一九六五年までの建造物に広げた。工場や製鉄所はもちろん橋や貯水塔、駅なども対象となる。日本でも、「近代の文化遺産の保存・活用に関する調査研究協力者会議」が建造物について建設から五〇年を目安にするなど、最近になってようやく戦跡や産業遺産が市民権を得始めているが、ドイツの産業遺産はすでに文化の発信地として生まれ変わっている。

たとえばエッセン市のフォルツフェライン炭坑。一九四七年から八六年まで操業し、かつてルール工業地帯を支えた屋台骨である。二〇〇一年暮れ、第十二坑が世界文化遺産に登録された。今、ここにデザイン博物館やホール、約二〇社のオフィス、芸術家らの工房が入居している。世界遺産登録の効果なのか、訪れる観光客も増加傾向を示している。

ここを管理するフォルツェライン財団の広報担当ベロニカ・グラーベ氏は、工業の中心地から文化の拠点への構造改革が成功した象徴的な例だと強調し、その結果、ルールにも文化が認められたという誇りが地域の住民にも生まれたという。

一九九六年、この一角に、州におけるデザインセンターが管理する「レッド・ドット博物館」が開館した。巨大なボイラーに囲まれた空間の奥にぶら下がったシンボルのアウディが印象的だ。

図16　優れたデザインの日常用品をかつてのボイラー内に展示するレッド・ドット博物館

かつて八つあったボイラーのうち六つを取り込み、それをくりぬいて展示スペースが造られた。コーヒーカップから自動車まで、一〇〇〇種類の商品が並ぶ。いずれも実際に売られている日常品だ。毎年行われている州のデザインコンクールで入選した五年分を常設展示している。案内してくれたデ

図17　世界文化遺産に登録されて再生が進むドイツ・エッセン市のフォルツェライン炭坑一帯

ザインセンター広報担当のゾンヤ・レーナート氏は「かつての産業遺産に現在のデザインをはめ込むことによって、産業における過去と現在の連続性をアピールできる」と説明した。

二四時間連続操業の過酷な労働が行われた石炭の分別所には五つのアトリエが入り、ちょっとした芸術村である。なかには敷地を歩き回って鉄やガラスを拾ってきては加工している者もいる。ここには芸術家の創造力をくすぐるインスピレーションがあふれているようだった。

ただ、文化遺産ゆえにインフラ（社会整備基盤）の不備など不便もある。エアコンも制限され、夏は暑く、冬は寒い。しかし、それを補って余りあるのが、世界の重工業をリードした世界遺産に入居しているという誇りであろう。

石炭洗浄工場の屋上に上ると、豊富な緑が点在する美しい街並みが見渡せた。かつては黒煙とすすに覆われた真っ黒な街だった。とはいえ、今も昔も労働者の街に変わりはない。祖父や父親が働いた炭鉱施設の改造には周辺住民の反発もあったという。だが、その意識を転換させたのは、イベントや祭りを催し、住民を招いて交流するなかで芽生えた、「ルールの文化」を育てようという共同意識だった。

地域住民が支えた再生プロジェクト

マイスター制度に代表されるドイツ。手工業から大量生産、そして文化や情報化時代へ。ルール工業地帯の中枢が、文化遺産としての「産業の大聖堂」に生まれ変わっても、その根幹にはモノ作りの伝統が脈々と息づいているように思える。

しかしその道のりには、大規模かつ周到な計画があった。IBAエムシャーパーク・プロジェクトである。

地域計画研究グループ「WRAP委員会」がまとめたレポート『IBAエムシャーパークの完成にあたって』（二〇〇二年）にしたがって概要を述べると、石炭や鉄工業の衰退によるこの地域の地盤沈下を克服するため、一七都市を擁する八〇〇平方㌔、人口二五〇万人のルール地方の広域都市圏を整備し、一九八〇年代から九〇年代にかけてノルトライン・ウエストファーレン州が着手した三六のプログラムによって生活、環境、産業、文化などを総合的に再編成して脱斜陽化への構造転換を図る、というもの。まさに一〇年がかりの大プロジェクトだった。

その要《かなめ》となったのが、上位政府の一方的なてこ入れにとどまらない地域側の自主的な取り組みや支援である。WRAP委員会の幹事を務めた滋賀県立大学の澤田誠二氏は、それを街づくりや都市計画全体の中に位置づけ、周辺環境とともに価値を高めることで市民に受け入れられてゆく、と提言する。単一の建築作品だけでなく、都市や田園環境にも網をかぶせた一九六四年のヴェニス憲章はもちろん、エコツーリズムや世界遺産条約が求めるバッファー・ゾーン（緩衝地帯）の拡大概念としてとらえることもできようが、点在する文化遺産とそれを取り囲む自然環境とは決して切り離せないことを一番よく知っているのがそこに住む地域住民であることを証明する好例ではなかろうか。一九八〇年、州政府が文化財の定義のなかに「労働と生産の形態において意義を持つもの」として産業遺産を盛り込み、ネガティヴにとらえられがちだったこれらが住民のアイデンティティ形成を促したことも間違いあるまい（斎藤英俊「近代の産業遺産の保存と活用」『ヨーロッパ諸国の文化財保護制度と活用事例・ドイツ編』、二〇〇三年）。

ドイツの近代化遺産は、市民の手によって守られ、支えられてきたのである。

日本における近代化遺産の課題

ここで、日本における近代化遺産を巡る現状を照らし合わせてみよう。近年、日本でも産業遺産や近代化遺産を守ろうという機運が高まってきた。近代の文化遺産には、産業技術の発展をたどる建造物や、負の歴史を伝える戦跡などがある。

文化庁も産業遺産の把握を進めている。建造物課は一九九〇年度から、幕末から第二次世界大戦中までを対象に四七都道府県で調査を始めた。記念物課でも九六年度から経済や政治など一一分野に分けて調査中である。ただ、その保存・活用を巡っては所有者や自治体の意向によるところが大きく、「現役の建造物も多く、個々の状況に応じて考えるべきだ」（記念物課）という。九七年には全国の関係市町村で組織する「全国近代化遺産活用連絡協議会」も発足したが、その多様性ゆえに、自治体の取り組みもそれぞれ違ってくるだろう。

二〇〇一年秋に長崎県の池島炭鉱、二〇〇二年初頭に北海道の太平洋炭礦が相次いで閉山し、日本の近代化を支えた炭鉱の灯はすべて消えた。一方で二〇〇〇年、熊本県荒尾市と福岡県大牟田市にまたがる三井三池炭鉱宮原坑跡・万田坑跡が、炭鉱として初の国史跡になった。だが、観光資源にもなる瀟洒《しょうしゃ》な煉瓦造りの商館などに比べ、暗く巨大な〝鉄の塊〟である炭鉱施設をどう活用し、保存につなげていくかは、自治体に課せられた頭の痛い問題である。

宮原坑は福岡県大牟田市に約四八〇〇平方メートル、万田坑は大牟田市の四〇〇〇平方メートルと熊本県荒尾市の一万六〇〇〇平方メートルにまたがって所在し、明治三十年代に操業を開始。宮原坑が一九三一年、万田坑が五一年に操業を停止した。敷地内の櫓や巻揚機《まきあげき》室などが重要文化財になっている。保存状態がよく、石炭採掘から選別、港への運搬という一連の工程をたどれるのが評価された。炭鉱の施設群は、ひとつの時代を語る記念碑である。埋蔵文化財がそのまま地下に埋め戻せるのと違い、その保存には人が手を入れ続けなければならず、活用法を間違えば巨大な廃墟と化しかねない。炭鉱文化を人類の遺産として、どう未来に伝えてゆくかは、市民や自治体の熱意と的確な手法にかかっているといっても過言ではない。

ここでは、両市と熊本・福岡両県が四者協議会をつくり、文化庁と相談しながら、保存と活用法を詰めてきた。が、初めての例だけに手探り状態だった印象はぬぐえない。予算不足もさることながら、万田坑の八割を抱える荒尾市は、炭鉱のイメージを崩さずにどう公園化するか、というバランスにも頭を悩ませた。

保存を左右する住民意識

大牟田や荒尾の住民の動きはどうか。一九九九年、大牟田市民二〇〇〇人を対象に財団法人九州経済協会が実施したアンケート調査（回収率五〇％弱）によると、大牟田市が自慢できるものとして「石炭関係」はわずか五・六％、逆に大牟田市の欠点としては、炭鉱閉鎖に伴う活気のなさや働く場所の不足が大多数を占めたという。「炭鉱の各施設を近代化遺産として保存したり、市民の『炭鉱』を中心としたアイデンティティ形成とは程遠い現状がうかがえる」（永吉守「大牟田・荒尾における近代化遺産保存にむけての市民運動─エコ・ミュージアム・文化観光・地域アイデンティティ構築への試み─」『九州民俗学』第二号、二〇〇二年）という現実が立ちはだかっている。

炭鉱で栄えた地域がその大黒柱を失い、それを即、肯定的に切り替えて新たな街づくりに邁進《まいしん》してゆこうという試み自体、困難を伴って当然のことだろうし、理想論なのかもしれない。そもそも街という人々が集う空間は、そこに何らかの強力な求心性と需要があって形成されるものなのだから。

しかし、何代にもわたってそこで生まれ育った人々には、街は人々の集散離合の場以上の意味を持つ。故郷とはそういうものであろう。炭鉱跡を活かしての新たな街づくりを目指した意識転換の萌芽は、インターネット上の呼びかけや研究会、ファンクラブなど市民団体の発足とその活動を通じて、少しずつ現れ始めているようである。また、学校教育における「総合学習」に積極的に導入してはどうか、との地理学からの提案もある（寺本潔「近代化遺産の地理教育的価値」『地理』五七八号、二〇〇三年）。

郷土を愛する意識は、各地に散らばって残る個々の古い建築物についても当てはまる。二〇〇三年、滋賀県豊郷町《とよさと》で、アメリカ人の著名な建築家が建てたアールデコ調の小学校校舎を巡り、解体して校舎の新築をめざす町長と、保存活用を求めた住民が対立、リコール運動に発展した。三月九日の住民投票の結果、町長の解職賛成票が過半数を占め、リコールが成立。町長は即日、失職した。

住民の意思を無視して町長が強引に解体作業に着手するなど対応のまずさが反感を買った一方、その後の選挙で反対派が割れ、再出馬した前町長が当選するなど政争の具にされた感は否めない

図18　ケルン大聖堂の地下駐車場に横たわるローマ時代の城壁

が、私にはやはり、そこで育った地域住民がひとつの歴史的建築物に寄せた深い思いがひしひしと伝わってくる。文化財の保存とは、本来一人一人のそういうささやかな愛着に支えられているものではなかろうか。

表裏一体の開発と保存

一方、地下に眠る埋蔵文化財の取り扱いはどうなのだろう。再びケルン市に目を向けてみよう。世界文化遺産であるゴシック様式の大聖堂を中心に広がるケルン市には、ローマ時代からのおびただしい遺構や遺物が残存している。京都と姉妹都市関係にあるドイツ有数の古都の誇りは「われわれケルン市民は、ローマ人の末裔だ」という意識に代表される。およそゲルマンらしからぬこの市民感情の発露のわけは、大聖堂の地下に眠るローマ時代の城壁を見れば氷解するだろう。それは街の歴史がはるか紀元前後までさかのぼることを語りかける生き証人である。

そもそもケルンの起源は、ローマがライン川を渡り、このゲルマンの地に築いた植民市に始まる。その名もコロニーに由来し、古代都市の上に現在の街並みが造られた。だから、ここには各時代の遺構が幾重にも層をなす。ローマ時代の遺構の多くは二㍍から三㍍の深さに眠り、場所によっては一〇㍍から一二㍍にも及ぶ。どこを掘っても過去の遺産が出てくるから、高層建築は基本的に、旧市街からライン側を隔てた周辺に建てられることになっている。

そんなケルンで、全長七㌔の地下鉄南北線の建設が二〇〇二年十二月から始まった。ライン川に沿ったルートで埋蔵文化財が密集する旧市街の地下をぶち抜くのだ。当然、遺構の破壊は免れない。地下鉄は約二〇㍍の深さだが、七つの駅は竪坑を掘るため発掘する。過去の地下室や墓地などにぶつかる可能性もある。

破壊を最小限にくい止めるため、市のローマ・ゲルマン博物館が一括して監督する体制がとられた。館長のハンスゲルト・ヘレンケンパー氏は、市の埋蔵文化財責任者を兼ねていた。彼のもとで、前準備として驚くほど綿密でユニークな計画が練られた。埋蔵文化財の情報はすべて博物館に持ち込まれ、開発許可も博物館が出す。それは地下鉄工事に限らない。開発に関して徹底した一元的な管理体制を敷いているのがケルンらしいところだ。

そのよりどころとなるのが膨大な地理データの集積である。十九世紀のプロシア時代以来の発

図19　ローマ・ゲルマン博物館の地下にはローマ時代のモザイク床が保存されている

掘で、市は古代の道路網に沿ってどこに何があるかを把握し、詳細な地下地図を作り上げている。これをデータベース化した地理情報システム（GIS）を直接街づくりにリンクさせることにより、当局は開発申請時に即座に対応できる。地下鉄南北線の発掘ゾーンももちろん、これに基づいて計画された。

また、今回の地下鉄工事では、調査参加者の公募方式が採用された。一八ヵ月の時間をかけて駅の竪坑七ヵ所を発掘するため、調査チームに加わる考古学者をインターネットなどで世界から募った。博物館が集積データから出土の予測される遺構などをまとめた分厚い「手引き」を用意するかわり、担当チームには逐一、詳細なリポートの提出が義務づけられた。博物館からもそれぞれの現場に人員を派遣して迅速な報告書の作成が図られた。ヘレンケンパー氏によれば、かつて報告書ができるまで「五〇年かかった例もある」との反省から、時間的な制限を重視するのだという。

そのためには他の関連部局との密接な連絡も欠かせない。橋や交通に関係する建設部局では二〇〇一年五月にいち早く専門部署を立ち上げ、博物館と協力して、市民への情報公開に力を入れていた。ホームページで工事の概要を知らせ、住民への説明会も開いてきた。広報担当のアンケ・ルードヴィッヒ氏は「年配の方から『私の家は大丈夫か』などといった問い合わせもある。専門部署がこれだけ早く情報公開を始めたのは珍しい。遺構だけでなく人間や環境に配慮した結果です」と胸を張った。

それでも博物館が把握していない情報もあるし、開発がある限り一定の破壊は避けられない。だからこそ明確な意思を持った対応が必要になる。

一九九八年、大手保険会社の地下駐車場建設予定地から、中世の城壁が見つかった。車が通り抜けるために二五％を取り壊した。それと引き換えに、四〇台分の駐車場計画を二フロアに分けさせ、破壊面積を最小限にくい止めた。

「街は生きている。だから文化財にとって最良の解決方法とは何か、を見つけるのが私たちの役目だ」。それがヘレンケンパー氏の持論だった。

文化遺産の保護に関してはユネスコをはじめ、文化財保存修復研究国際センター（ＩＣＣＲＯＭ）、国際博物館会議（ＩＣＯＭ）、国際記念物遺跡会議（ＩＣＯＭＯＳ）など国境を越えた組織がある。しかし、保護への取り組みは国々や地域でさまざまである。経済状況や政局の安定度、あるいは文化的価値に対する市民の理解など、理由は多岐にわたるだろう。

その他の国々の事情

『文化遺産の世界』第四号（二〇〇二年）によると、各州が力を持つアメリカ合衆国では、ドイツと同様、州ごとにかなり異なる政策が採られているという。一九七九年には連邦全体を視野に入れた「考古学的資料保護法」も成立したが、「自分の身は自分で守る」という伝統のためか、私有地は対象とならず、緊急発掘はもっぱら公有地や公的な開発に限られるようである。民間のコンサルタント会社の調査も少なくない。また、おびただしい古代遺跡が点在するエジプトでは、文化財行政を文化省の考古最高評議会が管轄する。一方で、歴史的に外国の調査隊が多くの発掘を行ってきた経緯から、代々、発掘人夫としての現地の作業員をまとめ上げてきた「キフティ」と呼ばれる存在が重要な役割を担い、彼らを抜きに発掘は語れないそうだ。

ヨーロッパでの本格的な取り組みは十九世紀に始まる。

産業革命をいち早く成し遂げたイギリスでは、市民の寄付金によって遺跡が守られているナショナル・トラスト運動が有名だ。しかし、それは全体のほんの一部に過ぎない。基本的に各遺跡の管理は地方ごとにまかされているが、国家レベルでは一八八二年の「古代記念物保護法」や一九一三年の「古代記念物統合・改正法」、さらには七九年の「古代記念物及び考古学地区法」、九〇年の「計画作成（保護リスト記載建造物及び保全地区）法」などができた。

ただ、文化財としての正確な歴史的価値観と集客施設としての評価とのバランスに齟齬《そご》を生じるケースも見られるようだ。たとえばバーミンガム周辺では、世界遺産にも登録されている世界最古の鉄橋「アイアンブリッジ」を中心に数々の産業遺産や博物館が整備され、一大観光地となっている。だが、その背景には柔軟な管理制度ゆえの商業化が進んでおり、観光施設としての「ディズニー主義」が顕著だとの指摘がある（アラン・フレンチ「イギリスにおける文化遺産の管理」『ヒトと環境と文化遺産』、二〇〇〇年）。

フランスでは文化省文化遺産局考古部が文化財行政を統括し、地方自治体は原則として発掘調査にかかわらない。代わりに国の出先機関として二二の地域に地域圏考古課がある。開発に伴う調査は、民間法人である「全国考古学発掘協会」（AFAN）が一括して行う。法的には一九四一年の「考古学発掘規制法」に加え、都市計画法や鉱山法にも関連条項がある。届け出制の日本と違って明確な許可制を採り、刑法に則った罰則もあるのが特徴だ。細かな事情については岡山大学の稲田孝司氏の紹介に詳しい（「フランスの遺跡保護」(1)～(10)『考古学研究』第四四巻第一号～第四六巻第二号、一九九七～一九九九年）。

なお、ヨーロッパでは欧州統合とともに国々の枠を越えた文化財保護の機運が高まっている。開発の増加に伴う遺跡破壊の危機感を反映して、欧州会議による一九六九年の「考古遺産保護のための欧州条約」が九二年に改正された。いわゆる「マルタ条約」である。第一条の「欧州共通の記憶の源泉」という文言に、かつて民族が入り乱れたヨーロッパ全域に及ぶアイデンティティの模索を読みとることができる。

中国の旧市街にて

経済成長著しい中国ではさまざまな大型プロジェクトが進行中である。たとえば、長江の三峡ダム建設は、ナイル川のアスワン・ハイ・ダム建設に匹敵する世紀の大事業だ。アスワン・ハイ・ダム工事では一九六八年、ユネスコの救済事業で、ラムセス二世の手によるアブ・シンベル神殿をはじめとするヌビア遺跡の移築が実現したが、三峡ダムではその完成に伴って多くの文化財が水没することになる。

また、急激な成長とともに、都市部の景観も一部では激変しているようだ。広大で多様性に富む中国を一度に俯瞰することはできないが、二〇〇三年二月五、六日の『朝日新聞』朝刊に掲載された、中国総局によるルポは、五年後のオリンピックを控えた北京の街並みの変貌を克明に描写していて興味深い。記事によると、首都の威信をかけた再開発で、煉瓦造りの古い街並みや生活のにおいが漂う胡同《こどう》（横丁）は「危険老朽家屋」の密集地としてどんどん減っているという。

二〇〇二年九月、北京市は「北京歴史文化名城保護計画」なる施策を発表したが、記事は、すでに失われた歴史的景観を惜しむ声や保存対策の遅れを指摘する声を紹介している。北京市の文化財保護を難しくしている背景には、歴史的建築物が今なお学校や住居などに使われている現実があるという。ケルンの例とは逆に、文化財の「活用」がむしろ保護の障壁になっているわけだ。

二〇〇二年春、私は、文部省科学研究費補助金による「玄海灘における海底遺跡の探査と確認調査」（一九九八年～二〇〇〇年）の研究代表者だった九州大学の西谷正氏や福岡市に本拠を持つ九州・沖縄水中考古学協会のメンバーと、中国山東省を訪れた。煙台、蓬莱、青島を巡る旅である。

蓬莱の登州博物館や青島市博物館の近代美。清代に福建省の漁民たちが定着して造った建造物をそのまま利用した煙台博物館の趣ある雰囲気。二〇〇〇年に完成した登州博物館には、唐代の碇石《いかりいし》、元代のフック、宋代の全長五・七㍍もの木錨、清代の鉄錨や舵《かじ》などが展示してあった。なかでも蓬莱の登州古船博物館に展示されていた元代の木造船は、視察団を大いに感激させた。一九八四年、二二万平方㍍が市によって浚渫《しゅんせつ》され、二・二㍍の深さから発見された。約四〇日かけて発掘した結果、長さ二八㍍、最大幅五・六㍍の船体がよみがえった。窓や扉は失われていたが、船内には磁器や大砲、蓆《むしろ》などが残っていた。軍船らしく、翌八五年に復元・展示された。発掘時、三隻が見つかったが、残り二隻は今も埋没した状態で眠っているという。

私にとってことさら思い出深いのは、帰国日の早朝、二時間ほど散策した青島旧市街の街並み

図20　霧にかすむ青島市の旧市街の風景

の静けさと美しさだった。

五時半に起き出して朝食を終え、七時過ぎにホテルを出て、深い霧のなかを旧市街に向かって歩いた。港西路を西へ進むと、函谷関路や韶関路といった小さな路地が入り組んでいる。からたちの白い花や八重桜がプラタナスの並木に溶け込み、しっとりとした空気のなかに洋館がたたずんでいた。

かつて租界を形成したドイツ風の住宅の並びは、中国特有の街並みとはまた違った魅力があり、両者が入り交じって青島の古き良き時代を醸し出していた。旧市街の活性化が計画されているとのことだったが、この雰囲気が失われないことを願った。

ホイアン逍遥

二〇〇三年九月、ベトナム中部の古都ホイアンを国際シンポジウムの取材で訪れた。チャンパ王国時代から国際貿易港として栄えた「海のシルクロード」の結節点であり、

図21　昔ながらの趣ある雰囲気を醸し出すホイアンの街並み

大航海時代の十七世紀には日本人町があったという、わが国にとってもゆかりの深い地である。

トゥボン川に並行するチャンフー、グエンタイホック、バクダンの三つの通り。十九世紀から生き抜いてきた赤瓦の木造建築群四五〇軒が肩を寄せ合うように並ぶ。チャンフー通りの西の端には、外見は中国風だが、かつて日本人が造ったという「日本橋」がある。家々の構造はいずれも「鰻《うなぎ》の寝床」だ。町家が軒を連ねた京都を彷彿《ほうふつ》させる、何ともいえない趣が漂っていた。

ホイアンの街並みは、かつての貿易港の面影をよく残すとして一九九九年、世界文化遺産に登録された。ところが、それが観光客の急激な増加を呼び込み、土産物店や食堂、ミニホテルが無秩序に増え、結果的に本来の景観を損ねるという事態が生じた。そこで市当局は、商品の歩道へのあふれ出し禁止や突き出し看板の禁止、彩色の規制などの条例をつくった。もし街を人々の暮らしと一体になって守るという道を選ぶのならば、それは現代にそぐう形での再生とともに、文化遺産の崩壊という危険性を併せ持つことは避けられない（友田博通「人とともに生きるホイアンの町並み――ベトナム固有の伝統建築の魅力」『ユネスコ世界遺産年報2003』、二〇〇二年）。豊かな生活を求めるホイアンの人々にとって、世界遺産への登録は観光客の増大など歓迎すべきものであると同時に、数々の制約を加える両刃の剣なのである。

木造建築の多いアジアには、その保存と活用面において、ヨーロッパに見られるような石造り家屋と同列には論じられない難しさがある。特にホイアンでは、多くの住民の活気が街の魅力となっているだけに、日常生活が南国特有の高温多湿の環境と相まって木造建築物の劣化に拍車をかけるというジレンマを持つ。

九〇年代、昭和女子大学を中心にホイアン町並み保存プロジェクトチームが発足。日本は豊富な木造建築修復の実績を活かして、ホイアンの修復活動に乗り出した。当初は多くの家で瓦がずり落ちて草が生え、床は抜け、階段は崩れかけていたという。チームは、腐りかけた部材を取り換え、後世の無駄な増築部分を取り除き、時には全面解体を実施するなど地道な作業を続けた。その数一〇軒以上、屋根のふき替えのみは五〇軒以上にのぼる。しかし、ホイアンが暮らしの場として「生きている遺産」である以上、今後も劣化は避けられないし、厳しい環境にさらされ続けるのは止めようがない。

ホイアンの保存は、画一化した手法では通用しない、地域ごとに即した配慮の必要性を浮き彫りにすると同時に、途上国の世界遺産が抱く観光と保護の両立という難題を突きつけた。その解決には、文化財の保存、生活環境の維持・改善、経済社会の活性化という対立する三点を、いかに相互補完の関係へと導いてゆくかが鍵となる（『昭和女子大学国際文化研究所紀要3　ベトナム・ホイアン町並み保存調査報告書』、一九九七年）。ホイアンは、多様化する世界遺産の未来を占う指針として、格好のモデルケースになり得るといえよう。

遺産保護は自らの手で

東京文化財研究所の国際文化財保存修復協力センターでは、ヨーロッパやアジアなど世界各国における文化財保護制度の調査研究を、二〇〇二年度から五ヵ年計画で開始した。国際協力の上でも、法令など情報の収集と把握、蓄積が不可欠と判断したためだ。

初年度はドイツのノルトライン・ウエストファーレン、ヘッセン両州の聞き取り調査を実施。そのなかで見えてきたものに、ドイツには九〇万棟もの文化財建造物が優劣の価値付けなしに存在すること、その保存は資源の有効利用と結びついた形で理解されていること、必要性から生まれた法制度と法によるまでもなく保護される分野が共存すること、積み重ねられてきた各時代の痕跡を否定してまで創建時の姿に固執する発想はないこと、都市計画のなかにも文化財保護の理念が組み込まれていること、いわゆる「凍結保存」ではない活用法、そして文化財に住むことに名誉さえ感じている住民意識、などが挙げられている（東京文化財研究所国際文化財保存修復協力センター『ヨーロッパ諸国の文化財保護制度と活用事例・ドイツ編』、二〇〇三年）。先に述べたように、私が歩いて感じた印象とほぼ一致する。

　海外からの文化財修復の要請は増加傾向にあり、国内の研究機関はこれに積極的に応じている。東京文化財研究所も中国・敦煌《とんこう》研究院との莫高窟《ばっこうくつ》壁画の保存・修復をはじめ、韓国やタイ、カンボジアなどで共同研究を行っている。奈良文化財研究所では、前身の奈良国立文化財研究所時代から、チリ・イースター島のモアイ像や中国甘粛《かんしゅく》省の炳霊寺涅槃塑像《ねはんそぞう》の保存・修復のほか、アンコール地域遺跡保護管理機構（ＡＰＳＡＲＡ）などと連携をとりながらアンコール遺跡群の修復活動などを進めている。文化庁建造物課が各種研究機関との協力のもと、一九九〇年度から継続しているアジア・太平洋地域文化財建造物保存修復協力事業は、ホイアン旧市街地の街並み保存をはじめ、ネパールやブータン、インドネシアなどで着実に成果を残している（以上、文化庁文化財部監修『月刊文化財』四七四号、二〇〇三年）。

　これらの最終目標が当事国の手による保存修復技術の収得とその人材育成であることは論を俟《ま》たない。なかでも、アンコール遺跡群を誇るカンボジアで、ポル・ポト政権支配後の荒廃のなかから、自らの手で自らの歴史遺産を守ってゆくという意識がようやく芽生え始めた背景には、石澤良昭氏らを中心とした上智大学アンコール遺跡国際調査団の、現地における人材養成への惜しみない協力があった。アンコール遺跡群復興の主体はあくまでもカンボジア人でなければならないとの理念を堅持して一九九一年に始まった人材養成プロジェクトは特筆に値しよう（中尾芳治編『アンコール遺跡の考古学』、二〇〇〇年、坪井善明編『アンコール遺跡と社会文化発展』、二〇〇一年）。それはまた、カンボジアの人々の自主性の発動でもある。専門家を中心とする「博物館学的欲望」の担い手と、彼らの欲望の対象となる集団という二つのカテゴリーが、かつてのように対峙する構図から両者の性格を併せ持つ同一の存在へと変化し始めているとの指摘（荻野昌弘「文化遺産への社会学的アプローチ」『文化遺産の社会学――ルーヴル美術館から原爆ドームまで』、二〇〇二年）にも通底するだろう。

むろん、個別的な協力関係のみならず、国際的な長期戦略も必要とされる。ユネスコによる世界遺産の登録も、当事国や地域の文化遺産に対する啓蒙に大きく貢献しているはずだ。あらゆる意味で国々の距離が縮まった現在、国際社会は、それぞれの利益や宗教観を超えて、多様な価値観を理解し合う文化遺産保護の概念と基準を明確にする必要がある。たとえば、素材の交換が不可欠な木造建築に、半永久的な石造建築が主流の欧州型オーセンティシティ（真正性）を導入することは不可能であり、国々の事情に合った多様な対応を尊重する「奈良ドキュメント」が提唱されたのは当然のことといえる。

世界では相変わらず多くの文化遺産が、戦争など人為的な行為により危機にさらされている。二〇〇一年、アフガニスタンの大半を支配していたタリバン政権によって有名なバーミヤンの磨崖仏《まがいぶつ》が破壊されたのは記憶に新しい。私自身、大学で西域史・中央アジア史を専攻し、在りし日のバーミヤンの姿をスライドや写真で見知っていただけに心が痛む。

平和が守る未来への遺産

二〇〇三年の米英とイラクとの戦争では、無政府状態となったバグダッドのイラク国立博物館から、古代メソポタミア文明をはじめとする多くの文化財が略奪されたが、首都に侵攻した米軍の対応の遅れが被害を拡大させ、世界から非難を浴びた。一九五四年に採択されたユネスコの「武力紛争時の文化財保護のための条約」（ハーグ条約）では紛争当事国の文化財を守る義務が謳われており、加盟国の拡充も今後の課題となろう。

過去を振り返れば、宗教教義の違いによって損傷を受けた文化遺産は少なくないし、シルクロードでも国々の興亡と抗争のなかで、多くのオアシス都市やそれらが培った無数の文化が滅んでいった。ソビエト連邦崩壊前夜の学生時代、チンギス・ハーンに攻略され、徹底的に破壊された古サマルカンドの残映であるアフラシャアブの丘に立ち、沈む夕日を眺めながら歴史のはかなさを味わった。八世紀にアラブの攻略によって滅んだ隊商民族ソグド人の都市、古代ペンジケント（ピャンジケント）の風化し始めた遺構のうえで、そこに刻まれた長い時の流れを思った。そ

図22　シルクロード交易に活躍したソグド人の街，ペンジケント（ピャンジケント）の遺構

れもまた、悠久の歴史における一断面なのだろうが、時代は変わった。

　世界文化遺産のヨーロッパへの集中という事実が示す価値観の偏りをどう是正してゆくか。また、ギリシャ文明や古代エジプトの数々の造形物に代表されるような、かつての帝国主義と植民地支配の産物を巡る返還交渉など、国益や歴史的評価も絡んで山積する問題は極めて複雑である。しかしながら、これらの解決は、当事者同士の理解の深化と妥協の成立を待つほかない。そのためには十分な時間が必要とされよう。アフガニスタンやイラクの文化遺産流出においても、一九七〇年採択の不法な輸出入を禁じたユネスコ条約の効力が改めて問われることにもなろう。

　未来への人類遺産を守るもの、それは、結局は恒久的な平和の実現しかない。

旧石器遺跡捏造事件と聖嶽洞穴問題

旧石器遺跡捏造事件はなぜ起こったか

驚愕の朝

二〇〇〇年十一月五日、日本列島は驚愕《きょうがく》の朝を迎えた。私たち文化財報道に携わる者のみならず、日本考古学界や考古学・古代史ファン、市民の誰もが驚きと怒りに震えた日だった。

東北旧石器文化研究所の元副理事長、藤村新一氏による旧石器遺跡捏造《ねつぞう》事件は、『毎日新聞』の地道な調査報道による見事なスクープで幕を開けた。まさに日本考古学始まって以来、空前の大スキャンダルだった。一面には、藤村氏が宮城県築館《つきだて》町の上高森《かみたかもり》遺跡で、ポリ袋から持参の石器を複数取り出し、穴を掘って埋め、足で踏みつける場面が三コマの大きな連続写真で鮮明にとらえられていた。在野の研究者ながらアカデミズムも一目置き、「神の手」とまでいわれた前・中期旧石器文化研究の第一人者の名声、いや日本考古学界の面目が崩れ落ちた瞬間だった。まさに、考古学界は重い「原罪」を背負い込むことになったのである（白石太一郎「はじめに」『日本の時代史1　倭国誕生』、二〇〇二年）。

事件発覚の経緯に関しては、先鞭を切って以降リードし続けた『毎日新聞』をはじめ数々の新聞報道、あるいは毎日新聞社の『発掘捏造』『旧石器発掘捏造のすべて』といった書籍、その他いろんな資料があるのでここでは詳しく述べないが、事件は考古学界全体の信用の失墜にとどまらなかった。上高森遺跡にあやかった饅頭や原人ラーメン、日本酒、あるいは原人マラソンといった地域振興策を図っていた地域社会への打撃。それは他の関係地域も同様で、いち早く長尾根《ながおね》北・南両遺跡と小鹿坂《おがさか》遺跡の再調査に乗り出した埼玉県において、「日本の恥」と吐き捨てた知事の発言に象徴されよう。

発覚直後の十一月十一日、長尾根・小鹿坂両遺跡を擁する秩父市の秩父宮記念市民会館で開かれたシンポジウム「前期旧石器フォーラム」は、気の毒にも騒ぎの真っただ中での開催だった。市制五十周年を記念して、「秩父原人《ちちぶげんじん》」をてこに新たな時代の到来を告げる記念すべきイベントになるはずだったが、捏造事件最初の検証の場という思いも寄らぬ事態で全国的な注目を浴びることになってしまった。

当初、藤村氏の報告も予定されていたが、もちろん本人は欠席。代わりに東北旧石器文化研究所理事長の鎌田俊昭氏が、捏造事件の謝罪と弁明に立った。

フォーラムが始まって間もなく、一人の男性が壇上に詰め寄り、「どうすりゃいいんだよ、馬鹿野郎」と叫んだ。静まり返る会場、絶句する司会者。彼が考古学関係者だったのか、それとも一般の市民だったのかはわからない。しかし、もし「秩父原人」の出現が自分の生活に何らかの形でかかわっていた者とすれば、それは同じ立場にあるすべての人々の思いを代弁していたと言っても過言ではなかろう。

捏造事件はこの時すでに、学問上の問題だけにとどまらない、市民を巻き込んだ騒ぎに足を踏み入れていたのである。

晩秋の東北にて

日本考古学界を根底から揺るがした捏造事件の余波は、あらゆる形で今なお続いている。しかし、その出来事の本質や生々しさを最も集約していたのが発生直後の世の中の動きである。

刑事事件の初動捜査の如何《いかん》が解決の鍵を握るように、マスコミも総力を結集して「地取り取材」をかける。わずかな時間ではあったが、発覚当初の混乱を新聞という媒体に身を置いて体験した者として、時系列に記録しておくのは意義あることであろう。

捏造事件は、当時、西部本社学芸部の文化財担当として福岡市に籍を置いていた私にとっても、決して他人事としてすまされなかった。

日曜日の朝、『毎日新聞』のその大々的な報道に接した時、まず脳裏をよぎったのは、西部本社が管轄する九州・山口および沖縄に彼の足跡があるのかどうか、だった。その直後、文化庁の調べで、藤村氏が発掘に実際にかかわったのは八都道県三三ヵ所と判明。幸いにして九州方面はなかったが、旧石器時代研究の〝先進地〟東日本で起きたこの事件が西日本にも計り知れない影響を及ぼすことは明白だった。

とりあえずはこの事態を収拾しなければならない。スクープされた後の、いわゆる「追っかけ」は嫌なものである。もちろん早く動けば動くほど、抜かれた他社に追いつくこともできるが、ここまで完膚《かんぷな》無きまで完璧に打ちのめされては、そう簡単にはゆかない。東京本社も大変だろうな、などと思っていたところへ、案の定、東京学芸部から応援要請が来た。発覚から二日後、東京に飛んだ。

私は東京で、学芸部や地域報道部の記者と在京の考古学者や人類学者らにあたるなど応急処置を済ませた後、新幹線で仙台に向かった。明確なあてがあるわけではない。が、現場に踏み込まないことには始まらない。

仙台支局ではすでに若い記者が専任となり、事件を追っていた。その時すでに藤村氏は姿をくらましていた。彼に最も近かった人々、つまり、彼と長く行動を共にしてきた鎌田氏や東北福祉大学の梶原洋氏に会うことから始めるしかない。

東北の底冷えする午後、梶原氏の研究室にうかがった時も、鎌田氏のお宅であるお寺を夜遅く訪問したときも、次から次へと同じ目的で押し寄せるマスコミを相手に、彼らは「丁寧にお話するのが今の私の責任だ」と真摯《しんし》に応対していたように見えた。梶原氏の研究室で話を聞いている最中、『ネイチャー』誌から電話がかかってきた。いうまでもなく世界的な権威を持つ科学雑誌だ。梶原氏は「こんな形で取材を受けたくなかった」とポツリと漏らした。

鎌田・梶原両氏は今回の不祥事の連帯責任を負うべき立場であるとともに、それまで積み上げてきた業績を、藤村という人物によって木端微塵に粉砕された最大の被害者でもある。事件発覚後、彼らへの批判がすさまじかったのはいうまでもない。一人の特異な人物が引き起こした「犯罪」だったのはもちろんだが、彼らが藤村氏と二人三脚で歩んできた以上、責任を回避することはできない。「我々は、最近では神懸かり的に『藤村がいるから出るか出ないかの心配をしたことがない。何が出るかという期待だけだ。』とまで豪語するようになった」など、その反省の弁は、二人の連名による「藤村新一による旧石器ねつ造事件と我々の責任」(『前・中期旧石器問題調査研究特別委員会報告(II)』、二〇〇二年)に表明されている。

一方、不正を暴いたという「勲章」を振りかざして、個人を責め続けた一部のマスコミ報道に疑問を抱いた読者は少なくあるまい。たて続く「大発見」の波に乗り、国民に喧伝し続けたのは当のメディアではなかったか。私はそれまで鎌田氏や梶原氏と面識はなかったし、彼らを弁護する筋合いもない。だが、私には少なくとも、彼らはおびただしい報道陣を前に逃げることなく、誠実に応対し続けていたように感じた。それだけに、行方をくらました張本人である藤村氏には非常な怒りを覚える。

発覚後、両者を集中的に非難する論調が、研究者サイドからも数多く見られた。私には、藤村氏の動向がわからないいら立ちが、二人への執拗《しつよう》なまでの個人攻撃として表れた側面がなかったとは必ずしも言い切れないように思える。事件の本質を直視することなく、単に個人へ矛先をすり替え、世論の勢いに便乗して不満の発散を限定的に収斂《しゅうれん》させるのは、あまりに他人ごとで身勝手な論評に過ぎはしまいか。結局は、岡村道雄氏が「私たちや学界の期待以上の『成果』を得たため、批判的・懐疑的な研究姿勢がおろそかになっていたという他ない」(「補記1・消えた前期・中期旧石器時代研究」『日本の歴史01　縄文の生活誌・改訂版』、二〇〇二年)と述懐するように、学界全体が自らの甘い体質を眼前に突きつけられたことへの戸惑いを反映していたといえよう。

東北の秋は美しかった。上高森遺跡のある築館町は、岩手県との境にある。東北自動車道を走ると、落葉広葉樹が色鮮やかな紅葉を見せていた。照葉樹林と混合する九州ではなかなか味わえない光景である。

上高森遺跡は静まり返っていた。道端には案内板がひとつ立っているだけ。それがなければ、どこなのかわからないほどの遺跡が、一時は世界の旧石器時代研究に金字塔をうち立てたのであった。かつては発掘者たちの熱気でむせかえったであろうこの現場が、妙に寒々しく感じられた。

図23　旧石器遺跡捏造発覚直後の宮城県築館町の上高森遺跡

現場には、ときおりテレビのクルーが撮影に訪れたり、近所の人だろうか、住民がなんとなく様子を見に来たりしていた。道すがら、数日後に迫った原人マラソンのポスターが風に揺れている。テレビクルーがそれを撮り、画面でよく見る男性リポーターが何かしゃべっている。彼らはまた、おもしろおかしくこのスキャンダルを報じるのだろう、などと思いながら通り過ぎた。

対応に苦慮する学界

日本考古学協会は十二日、東京・駿河台の明治大学で緊急委員会を開いた。協会を運営する幹部が顔をそろえ、対応を話し合った。大勢の報道陣が駆けつけ、ことの成り行きを見守るなか、協会長だった新潟大学名誉教授の甘粕健氏は記者会見で、「二十一世紀を前に、一致団結して日本考古学界の再建を不退転の姿勢で取り組む」と語った。

とはいえ、あまりの出来事にどこから手を着ければよいのか、検証作業を巡っても「時間がかかるとは思うが、学界がするのが筋だ」との声が出る一方、「県の教育委員会が主体になるべきではないか」という声も出るなど、意見の食い違いはすでに表面化していた。なかでも、宮城県岩出山《いわでやま》町の座散乱木《ざざらぎ》遺跡は国指定史跡でもあり、国として文化庁が実施するべきだとの論議があったようだ（矢島國雄「日本考古学協会の課題は何か——その2」『科学』第71巻第3号、二〇〇一年）。確かに藤村氏がかかわった遺跡をひとつひとつ潰してゆくには膨大な人手と時間、資金が必要だし、前期旧石器文化という特殊な分野だけに専門家も限られる。中峰C遺跡などほとんどが破壊されて、検証のしようがない例も少なくない。関係者が及び腰になるのは当然ではあった。

自浄作用の欠如が厳しく問われ、いざ重大事があった時に対応できない脆弱《ぜいじゃく》ささえ指摘された考古学界だが、一部に素早い動きも見せた。栃木県宇都宮市であった「東北旧石器文化を語る会」の会合が、急遽《きゅうきょ》テーマを事件の検証に切り替えたのもそうだし、翌年二月に東京の日本教育会館で開かれたシンポジウム「前期旧石器問題を考える」は、ひとつの節目になった出来事として評価できる。

日本考古学協会は二〇〇一年五月、「前・中期旧石器問題調査研究特別委員会」を発足させた。一方、藤村氏が関係したとされる一部の遺跡では、地道な再調査が始まった。福島県安達《あだち》町の一斗内松葉山《いっとうちまつばやま》遺跡、埼玉県秩父市の小鹿坂遺跡や長尾根北・南両遺跡、そして藤村氏のお膝元である宮城県内の各遺跡……。

しかし前例のない、疑惑を検証するための発掘。後世の傷である、いわゆる「ガジリ」や褐鉄鉱、押圧剥離《おうあつはくり》、二重パティナ（風化度の異なる剥離面）の有無など具体的な判別法が相次いで考案されたものの、いったい、どうすれば疑惑は晴れるのか。いや、捏造であった場合、どう対処すればよいのか。担当者の頭の片隅には、常にそんな思いが浮かんでいたはずだ。暗中模索のなか、かつて自ら手がけた遺跡の土を掘る手は、さぞ重かったことだろう。

幻に消えた原人の夢

二〇〇一年の九月から十月にかけて、捏造問題は再び大きな画期を迎える。北海道新十津川町の総進不動坂《そうしんふどうざか》遺跡と上高森遺跡の二ヵ所でしか捏造を認めていなかった藤村氏が、それをはるかに上回る四二遺跡もの捏造を告白したのだ。しかもそのなかには、宮城県の座散乱木遺跡や同県古川市の馬場壇《ばばだん》A遺跡など学史上、極めて重要な遺跡が含まれていた。

岩手県盛岡市で日本考古学協会盛岡大会が開かれたのは、その報道が各紙を賑わせた直後、十月七日のことであった。同大会のテーマのひとつ、平泉についての報告が終わった後、協会長の甘粕氏は「悪夢のような十一月五日から半年たった。予想以上の早さで検証が進むとともに汚染の広がりも予想を超え、事態は深刻だ」と呼びかけた。そして、一斗内松葉山遺跡、山形県尾花沢《おばなざわ》市の袖原《そではら》3遺跡、そして総進不動坂遺跡の検証結果が担当者から報告された。

一斗内松葉山遺跡は藤村氏らが発見、七〇万年前の国内最古級の石器が出土したとされていた。だが、五月の再発掘の結果、「明確な石器も遺構もまったくなかった」。それどころか、人為的なにおいを感じさせる不自然な出土状況の石器や、石器の出土地点とされる八層とは異なる土があるなど、極めてクロに近い結果になった。

袖原3遺跡は、出土した石器が約三〇キロも離れた宮城県色麻《しかま》町の中島山《なかじまやま》遺跡出土石器とぴったり接合したことで有名だった。しかし、「きちんとしたインプリントが残るはずなのに、周りから掘っていくとボロボロになり、水分を吸収しやすい状態だった。よく見ると石器の下に石器を埋めるための掘り込みがあった」「石器の下に鋭利なコテで掘った跡があり、その下にマンガンが流れ込んでいた」「ボロッとした土との間に隙間があり、根っこが入り込んでいた」などの証言がなされ、不審な出土状況の一部が具体的に明らかになった。

総進不動坂遺跡については、礫《れき》層と礫層の間の砂混じりの中で、片側にはまったく土の付いていない石器が見つかり、藤村氏が捏造を告白したものと極めて似ていたという。また、新たな石器が出てよいはずの拡張区からはまったく出土せず、「前期旧石器は極めて捏造の可能性が高い。中期旧石器もその可能性がある」とのことだった。これらの詳しい内容は『前・中期旧石器問題調査研究特別委員会報告(I)』（二〇〇一年）に見ることができる。

特別委員会委員長で明治大学の戸沢充則氏は、会員への中間報告という形で壇上から切り出した。「検証発掘がひとつ進めば、疑惑が増える。グレーが黒に近づく反面、白が加わるのは皆無、という予想を激しく上回る厳しさを体験した……」。そして、藤村氏は心身のバランスを崩して入院、医師と弁護士の立ち会いのもと、その日までに五回にわたって面談したことを明らかにした。四回目の帰り際、藤村氏から唐突に座散乱木遺跡の話が飛び出したときには、「あまりのことに冷静さを失った」という。報告を続ける戸沢氏の表情は苦渋に満ち、その後に開かれた記者会見でもいらだちを隠せないように見えた。

一方、埼玉県秩父市の遺跡検証でも否定的な結果が報告された。

十月十一日に浦和市（当時）で開かれた前期旧石器時代遺跡緊急調査事業検討委員会。「生活遺構の証拠は認められなかった」「石器は風化していくものなのに、秩父のものは新鮮だ」「自然の営力によるものを遺構と誤認した」「経験的に極めて不自然な状況だ」「藤村コレクションの東北の縄文石器に似ている」。そんな意見が委員から相次いだ。

委員長を務めた国学院大学の小林達雄氏らはこの日、検討結果を総括し、長尾根や小鹿坂などの遺跡もまたすべて否定せざるを得ない、と結論づけた。そして、「民間の愛好家の起こした事件だが、当事者だけに責任を負わせることはできない。遺跡と認定し続けた研究者も厳密さを欠いた。学界全体で考えるべき問題だ」と締めくくった。

秩父市が親しみと希望を込めて生み出したキャラクター「秩父原人チプー」の夢は、こうしてはかなく消え去った。

その後、二〇〇二年に東京都立大学で開かれた日本考古学協会の特別委員会において、疑惑の遺跡のほとんどに「クロ」判定が出された。翌二〇〇三年五月には日本大学文理学部での総会で、特別委員会は藤村氏が関与した一六二遺跡に捏造を認め、うち三遺跡の後期旧石器包含層をのぞいてすべての学術的価値を否定し、一応の終結を迎えることになる。その集大成として、六〇〇ページ余りに及ぶ膨大かつ極めて緻密な『前・中期旧石器問題の検証』が日本考古学協会から刊行された。

しかし、その幕引きに不満を持つ人々もおり、九月には藤村氏が仙台地方検察庁に告発されるなど、いまなおしこりは消えていない。

全国に広がる波紋

遺跡の捏造。およそ常識では考えられない、前代未聞のスキャンダルは全国に衝撃を与え、長い蓄積が灰燼《かいじん》に帰した。しかも、次々とあぶり出される疑惑の検証結果に、もはや前・中期旧石器遺跡すべてを白紙に戻さざるを得ない様相を呈している。それは北海道から北関東に及ぶ東日本を舞台としたものであったが、「東北に追いつき追い越せ」と励んできた関西や九州の研究者にも、少なからず動揺を与えた。

たとえば、発覚直後の二〇〇〇年十二月に熊本市で開かれた第二十六回九州旧石器文化研究会は、その「開催趣旨」で、事件の発覚は中期旧石器時代を視野に入れた検討の端緒に位置づけるこの大会の本格準備を開始した矢先であったと述べ、蓄積している中期の事例を再度検討することとした、と記すなど悔しさがにじみ出ている（『九州における後期旧石器時代文化の成立』、二〇〇〇年）。

前・中期は壊滅状態といわれながらも、藤村氏が関与していない、後期をさかのぼる可能性を持つ遺跡は日本列島内に複数ある。岩手県宮守《みやもり》村の金取《かねどり》遺跡や長野県飯田市の竹佐中原《たけさなかはら》遺跡、九州では、北九州市の辻田、宮崎県川南《かわみなみ》町の後牟田《うしろむた》などの遺跡がそうだ。賛否はあるが、これらは東北に偏ることなく、全国に分布する。

当時、一〇万年単位で急速にさかのぼり続けた東北地方は浮いた存在だった。東北をアジア史、世界史のなかでどう位置づけるか。それを合理的に説明するうえで、九州や関西の成果は重要な手がかりとなるはずだった。

原人段階の人類が日本列島に到達したとすれば、今の朝鮮半島付近から入って北上した可能性が強い。ならば、九州を含む西日本各地でも、東北に匹敵する古さの前期旧石器時代の遺跡が見つかってもおかしくない。そうなれば、先進地の東北と列島規模での比較検討も夢ではなく、世界的に孤立した感のある東北への懸け橋になる。だからこそ、九州の研究者は東北の成果を視野に入れて、努力を積み重ねてきたのだ。

捏造事件が冷や水をかけたのは、そんな矢先だった。「まるで、はしごを外されたようだ」との絶望感も聞かれた。ある研究者は「東北や関東の成果を鵜呑みにはできなくなる。そもそも『最大』とか『最古』とかが歓迎され、古さのみを追い求めてきたことが学問としてどうなのか。一気に原人段階までさかのぼるのではなく、これまでの後期や中期の成果を検証し、足場を固めたうえで前期へのつながりを積み上げていくしか確実な方法はない」と語った。また、別の研究者は、事件の本質は考古学の基礎をないがしろにしてきた風潮と断じ、「層位は石器の型式に優先する」との考えをそのまま認めてきた一部グループによる「学閥」の弊害だ、と批判した。「冒険や宝探しは科学ではない。発掘調査は物を出せばよいというものではない。何も出なかったという結果も、大きな成果なのに」という嘆きもあった。

迫られる研究手法の再考

研究手法の再考も避けられない状況に陥った。西日本の前・中期旧石器研究は編年を組めるほど資料に恵まれていない。いずれも断片的で、層位的に明確でない例も多い。だから、東北の豊富な蓄積は、絶好のモデルだった。「斜軸尖《しゃじくせん》頭器《とうき》」や「ヘラ状石器」など、東北が組み立てた型式学的成果に依存してきた面は否定できない。

斜軸尖頭器は石器の主軸に対し、斜めからの打撃面を持つのが特徴で、中期旧石器文化の指標として位置づけられていた。長崎県国見《くにみ》町の松尾《まつお》遺跡では縄文時代や後期旧石器時代の石器に交じって二点が見つかった。層位は不明だったが、町教育委員会は東北の型式分類を参考に一九九九年、中期旧石器時代遺跡が近くにあるとみられる、と発表していた。「後ろ盾を失ったようだ」と担当者が漏らしたのも無理のないことだった。

辻田遺跡などでも斜軸尖頭器は見つかっている。北九州市芸術文化振興財団埋蔵文化財調査室では「風化の程度や、弥生にも縄文にも後期旧石器時代にもない形だから中期ではないかと判断した。直接的に事件の影響はない」と言いながらも、「東北に引きずられた部分もある」と漏らした。多くの旧石器時代遺跡を抱える熊本県文化課もまた、「東北を基準に決められてきたものはみな宙ぶらりんとなり、閉塞状態にある」と語った。九州旧石器文化研究会が集成した最新の資料集には、今回の騒ぎで縄文石器の可能性が高まったヘラ状石器の名が複数の遺跡に含まれていた。

いまや、最古段階の石器文化は南関東X層段階などごく一部に限られてしまったとの意見もあるが、九州では、中期から後期に移行する過渡期の成果が新たに現れている。後期旧石器文化の実像をより把握することから中期旧石器文化の「残影」を模索する、という地道な研究姿勢がますます求められるのは間違いない（木﨑康弘「中期旧石器時代研究と九州地方」『日本旧石器学の再出発　36人の提言』、二〇〇二年、「熊本県沈目石器文化の検出とその意義—城南町沈目遺跡の発掘調査—」『考古学ジャーナル』四九一号、同年）。

もはや、東北の斜軸尖頭器やヘラ状石器が縄文時代の所産であることは動かせない（「第4（型式研究）作業部会報告」『前・中期旧石器問題調査研究特別委員会報告(II)』、二〇〇二年）。ただ、斜軸尖頭器の評価は割れているようだ。これに類似する石器は、ヨーロッパを中心に東はシベリアに広がる同時期のムスチエ文化にも存在し、中国大陸北部にも円盤形石核から剥ぎ取られた斜軸尖頭器の使用が見られるから、それ自体が否定されたわけではないという見解がある。一方で、朝鮮半島や中国、ヨーロッパの例と照らし合わせても、斜軸尖頭器は特定器種として文化の指標にはなり得ないとの考察もある（松藤和人「前・中期旧石器の型式学　まとめ」『前・中期旧石器問題の検証』、二〇〇三年）。

今後は、各地域におけるデータの地道な蓄積に合わせて、これまで東北へ向けてきた視線を世界へと転じてゆく意識改革が求められるだろう。

再出発への胎動

崩れた前・中期旧石器文化の再構築をめざす動きは、捏造騒ぎの中心地以外の地域でも始まっていた。旧石器研究に吹く逆風のなか、東北大学総合学術博物館の柳田俊雄氏のグループは当時、国東半島の付け根で黙々と発掘にあたっていた。大分県日出《ひじ》町の早水台《そうずだい》遺跡である。捏造事件によってクローズアップされた前期旧石器時代研究は、東北でも北関東でもなく、実はこの早水台という九州の片隅で幕を開けた。東北大学の芹沢長介氏らによる一九六四年の発掘以来、日本における「前期旧石器文化」の存在を巡って論争が繰り広げられた、学史上、記念すべき地である。

早水台遺跡の石器を巡っては、すべて自然石とみる否定論がある一方で、ウェートの差はあれ、

図24　37年ぶりの再調査となった大分県日出町の早水台遺跡

一部を認める見解もあり、結論は出ていない。また、石器と認めるにしても、それらは阿蘇4火山灰の上層、すなわち約九万年前をさかのぼらないともいわれる（早田勉・新井房夫・綿貫俊一「大分県日出町早水台遺跡・山ノ神平遺跡における火山灰分析」『九州旧石器』第四号、二〇〇〇年）。

東北大学のチームは二〇〇一年の春と秋、三七年ぶりに発掘に入った。二月末から三月上旬にかけて調査、九月十五日から二十六日にかけてさらに拡張した六メートル四方の調査区画を再び掘った。その結果、姶良《あいら》Tn火山灰層（通称AT）を含んだ黒色帯の数十センチ下から、石英粗面岩やメノウ製の「人工品の可能性を持つ資料数百点」を得た。このうちかなりのものを石器と認定できそうだ、とのことだった。

ATは鹿児島県錦江湾沖の姶良カルデラが爆発

して日本列島に広く火山灰を降らせた広域テフラで、時期を決定するのに有効な鍵層だ。理化学的な分析の結果、噴火があったのは二万四、五千年前とわかっているから、下層に人工品があればそれより古く、三万年より古い前・中期旧石器時代の遺物であることが期待できる。

柳田氏は、郡山女子短期大学に在職中、藤村氏にかかわってしまい、原セ笠張遺跡ほか福島県内の数遺跡の検証を手がけざるを得なかった苦い経験を持つ。蜜柑畑に囲まれた早水台遺跡に立ち、「何が三万年以前のものなのか、旧石器時代の日本列島に地域性があったのか、九州では大陸とのつながりが見られるのか。何も信じられない状況だからこそ理化学的な分野と学際的に協力し、きちっとしたデータに基づく議論が必要となる。今は使われなくとも、いつか日本のみならず東アジア全体で比較できる新しい基準資料になってくれれば……」と語っていた。

三七年ぶりの再調査が捏造事件の吹き荒れる真っ只中だったというのはなんとも皮肉なことだが、今回の出土遺物が人工品か否かは別にして、前期旧石器研究再出発への一歩を踏み出すのに、ここほどふさわしい場所はなかったのではなかろうか。

なお、この発掘の大まかな経緯は柳田氏によって『考古学ジャーナル』五〇三号（二〇〇三年）に報告されているが、ここでは、早水台の重要性を長年説き続けてきた芹沢氏が、ロシアやフランス、中国などの研究者の弁を総動員し、改めて旧石器時代遺跡としての正当性を強烈に主張している。

報告書の重要性

一方、捏造事件は報告書作成の重要性を改めて印象づけた。学界のチェック機能が働かなかった原因のひとつに、出土品など情報公開の不手際がある。かつては研究者が自ら発掘した考古資料を囲い込む傾向も見られたが、今はそんな時代ではない。戦後の復興期のように、研究者が手弁当で細々と発掘を続け、経済的な理由で報告書を出したくても出せなかった時代とは違うのである。

緊急調査であろうと学術調査であろうと、発掘において報告書の刊行は情報公開の基本である。「発掘調査と出土品整理と報告書の刊行の三拍子がそろって、はじめて学術的な調査を履行したと言える」（白石浩之「第2（遺跡検証）作業部会報告」『前・中期旧石器問題調査研究特別委員会報告(II)』、二〇〇二年）のであり、報告書が存在することによってはじめて国民の財産としての情報を誰もが共有でき、たたき台として建設的な議論を始めることができるのだ。

一九九九年暮れに後期旧石器時代の「集落跡」が見つかった鹿児島県指宿《いぶすき》市の水迫《みずさこ》遺跡の報告書は、豊富な図版とデジタル画像を駆使した斬新なものだった。

指宿市埋蔵文化財発掘調査報告書第34集『水迫遺跡I』（二〇〇一年）は三三一ページにのぼる大部。鮮明なカラー写真と豊富な英文はひときわ目を引いた。考古学に世間の厳しい目が向けられるなか、より説得力のある詳細な報告書作成への熱意の表れともとれた。

旧石器時代遺跡は情報源がほとんど石器に限られ、遺構が残っている例は極めてまれである。

それだけに遺物の精密な分析や地層との整合性が求められるが、遺跡の範囲や層の違いは調査担当者の肉眼観察が中心で、知らず知らずのうちに主観的な見方に陥るとの指摘もなされてきた。

そこでこの報告書は、より客観性を保つため、土層の写真をコンピューターでデジタル画像解析し、「標準土色帖」のマンセル表色系という規格に従って数値化した。また、日本語本文の英文訳を可能な限り掲載したのは、世界的な厳しい目での比較検討が必要とされる旧石器時代研究だからこそ、内外に広く知ってもらいたいとの思いからだった。内容構成も論理性を重視し、仮説、方法論、議論、結論と順を追って展開して、なぜそんな判断にいたったかを明確にした。

水迫の遺跡認定には賛否両論があった。それを解決するためには、多角的な検討が不可欠で、情報の公開に基づくデータの客観的な数値化が必要だった。捏造事件がなかったら、こんな報告書はできなかったかもしれない、と市教育委員会の関係者は話した。

失墜したアマチュアリズム

なぜ、藤村氏は暴走を始めたのか。当初、その原因として盛んにささやかれたのが「彼はプロ意識をもたないアマチュアだから」という発言だった。だが、学術性におけるアマチュアリズムや在野という意味は何なのだろう。市民に開かれた学問、市民の支持なしには存立し得ない学問。それが一般社会に定着した現在の考古学のイメージである。考古学の発展を支えた一端にアマチュアの存在があったことは、学史が証明している。

もちろん学問の世界では、アカデミズムの名のもとに、市民がそう簡単に関与できない分野が多々ある。たとえば数学や物理学、化学などでは、高度な基礎知識を習得したうえでしか理論を組み立てることは不可能であろう。経済学にしても、まずはその論理を頭にたたき込む必要があるし、医学や歯学などはさらに実践や経験も必要だろう。

一方、アマチュアリズムが大きな力を発揮する分野がある。たとえば天文学における彗星や小惑星の発見。民間のコメットハンターたちは、複雑な天体物理学上の宇宙進化論やビッグバン理論の追究、あるいは天体の軌道計算などとは別の、彼らにしか寄与できない重要な役割を担っている。同じことが、遺物を発見しなければ始まらない旧石器時代研究にもいえる。捏造事件を受けて、ある研究者は「『だからアマチュアはだめなんだ』という反応が怖い。石器を見つけ、足で稼ぐ旧石器時代研究には、そんな人々の協力が欠かせないことを理解してほしい」と訴える。

今回の事件を引き金に、アカデミズムにおける反動的な動きへの警戒や、再び考古学が象牙の塔に閉じこもることになるのでは、と懸念する声は多い。日本の旧石器文化研究の先駆けとなった相沢忠洋はもちろん、旧石器時代以外でも「在野」と呼ばれた人々が、パイオニアとして新分野を開拓してきた。九州でも、地元の考古学研究の先鞭をつけた中山平次郎は、九州帝国大学で畑違いの医学部教授だった。彼を師と仰いだ原田大六は現在の福岡県前原《まえばる》市に腰を据え、平原《ひらばる》遺跡などの研究に足跡を残すとともに、アカデミズムへの痛烈な批判で知られた。

既存の学説にとらわれないアマチュアの自由な発想が数々のパラダイムシフトを呼び起こしたのは事実であるし、常にフィールドにある地方自治体所属の研究者やアマチュア研究者が考古学研究の基盤を支えている、とする指摘は正鵠《せいこく》を射ていよう（堤隆「考古学におけるアマチュアリズムということ」『日本旧石器学の再出発　36人の提言』、二〇〇二年）。「常識を破るような発見で新しい扉を開いてきたのはアマチュアだった。もし、閉鎖的なアカデミズムに逆戻りするなら、私としても心外です」と肩を落とした梶原氏の姿が思い起こされる。

現実社会に即した学問は「実学」と呼ばれる。法学然り、経済学然り、工学然り、医学然り、農学然り。だが、人文系といわれる分野は、比較的教養の範疇のなかでとらえられることが多い。その文学などかつての女子教育、花嫁修業というイメージがいまだにあるように見受けられる。そのなかにあって、考古学という学問は極めて特異な領域である。すべての国民の深層心理に働きかけてきた、あるいはそれから派生する意識を間接的に実生活に浸透させてきた、人文科学の枠内にありながら実学的な要素を多分に含む、極めて広範囲にわたる学問なのではなかろうか。

その結果、考古学の成果を社会政策に短絡的に結びつけていく傾向が随所にみられる。地域興しは、その典型である。

地方の時代といわれる昨今、発掘成果をアイデンティティの糧とするのは、森浩一氏が「考古学は地域に勇気を与える学問」と常々言っているように、もちろん否定されるべきものではない。

むしろ、そのなかにこそ市民感覚を持つアマチュアの活躍できる場が用意されているといってもよい。しかし裏を返せば、そんな考古学を取り巻く画一的な社会の期待と依存もまた、藤村氏を追いつめた一因になったとはいえまいか。

アカデミズムの壁

藤村氏が捏造などという泥沼にはまっていった理由は彼の資質にもよるだろうし、本人に問いただしてみないとわからない。ただ、やはり彼はアマチュアだから、という見方だけでは解釈できない複合的な原因があるように思う。

もちろん、アマチュアとて全国の注目を集める以上、いや、地味な調査であったとしても、プロに比べていい加減な発掘が許されるということにはならない。まして不祥事の責任が軽減されるという理屈はない。そもそも、藤村氏に発掘者として当然備わっているべきモラルや倫理観がその当時あったとは思えないし、彼が「『石器を埋める』という論外な行動、考古学という学問に対する冒瀆とも言える行動に対する疑問は無論、何等の躊躇も罪悪感も持っていなかった」（栗島義明「捏造事件に係わる検証と反省点」『前・中期旧石器問題調査研究特別委員会報告(II)』、二〇〇二年）との推測は、おそらく正しい。

藤村氏が「土を運ぶ人が私の目の前を通るときに、太陽の光が一瞬さえぎられ、楕円形の穴のようなものがぼんやりとみえたのである」（「旧石器のみつけ方」『ここまでわかった日本の先史時代』、一九九七年）と、上高森遺跡埋納遺構の発見談を語るとき、私はそこに、あくまで相対的な上に成り立つ倫理観などとは別の次元の、閉じられた世界での陶酔感さえ感じるのである。

とはいえ、藤村氏の前に大きく立ちはだかっていたのがアカデミズムの壁だったのは間違いなかろう。彼は結局、石器の「発見屋」「掘り屋」、あるいは古さのみを追い求めた「旧石器の狩人」に過ぎなかった。「遺跡発見学の提唱」などという怪しげなものを含めて、彼にはまともな論文がないという。あっても、鎌田氏や梶原氏との連名である。立花隆氏は「お前は何も考えずに獲物さえとってくりゃいいんだとされていた猟犬が、ある日突然反逆して飼主の手を嚙んだ。そういうことだったのかもしれない」（『立花隆「旧石器発掘ねつ造」事件を追う』、二〇〇一年）と述べている。少々、例えが過激過ぎる気もするが、同感である。

結局、考古学は、市民に開かれた学問を標榜しながらも、真の意味でのアマチュアリズムをはぐくんでこなかったことを露呈したのではあるまいか。一方で学界の根底にも「アマチュアでできるようなら、アカデミズムはいらない」という、一種の偏見や自己防衛にも似た感情、あるいは在野の活躍によって考古学という学問が軽んじられるとの反感がなかったとは言い切れまい。

事実、学界内でアマチュアリズムの専行を危惧《きぐ》する声はある。「学問的アマチュア」を、「考古学」よりも「石器」に興味を示すオタクと位置づけ、理論やパラダイム転換をも葬り去ろうと反動化していった、という辛辣《しんらつ》な批判もある（安斎正人「後期旧石器時代開始期前後の石器群」『考古学ジャーナル』四九五号、二〇〇二年）。もし、そのようなゆがんだアマチュアリズムが存在するのならば、その責任は個人のみで負えるような問題ではない。また、アカデミズムのなかで一部の研究者による功名心や葛藤処理の手段としてアマチュアリズムが利用されたとすれば、それは悲しいことである。

かつて、アマチュアの参画を可能にした遠因を語るとき、彼らのアカデミズムに挑む熱いエネルギーとともに、社会の成熟があったことを忘れるわけにはゆかない。捏造事件は、そんな市民の知的成長を学界側が把握してこなかったために生じた意識のずれを象徴しているように、私には思える。

高等教育が極めて限られていた昔、良い悪いは別にして、そこには職業的な分担が、ある程度存在したように思う。ところが、社会の成熟と高度成長は、富国強兵策以来の教育機会の平等化をさらに推し進め、誰でも学問に携わることができるようにさせた。つまり、学問的で高度な分野はそれなりの高等教育を受けた者にしか担えないという感覚が薄くなってきているのである。

いまや、アマチュアと専門家の差は、一般的にいえば大学や大学院でその専門教育を受けたか否かの差でしかない。あるいはそれを生活の糧にしているか否かの違いかもしれない。そんななかでのアマチュア蔑視は、語弊《ごへい》をおそれずにいえば、自らの立場が脅かされる「プロ」たちの危機感の表れとはいえまいか。

捏造の背景

捏造事件が発生した背景には何があったのか。そして三〇年もの間、なぜ考古学研究者たちはそれを見抜けなかったのか。

長期間にわたって捏造行為が見逃されてきた事実を考えるとき、どう理屈をつけようとも、石器を正しく観察し、分析し得るだけの眼が養われていなかったことに尽きる、という竹岡俊樹氏の手厳しい批判を軽んじるわけにはゆくまい（『「前期旧石器」問題の今後」『古代文化』第五三巻第六号、二〇〇一年、『「前期旧石器」観察記』『特集・前期旧石器遺跡捏造事件の真相を語る』、同年、『石器の見方』、二〇〇三年、「旧石器捏造『神の手』だけが悪いのか」『文藝春秋』五月特別号、同年ほか）。また、石器に残された不自然な痕跡や付着物への考古学者の認識のずさんさ、石器が出土したという「事実」のみが重視され、それを説明できる解釈だけが追求されていったという研究姿勢、さらに堆積土層内での風化に対する認識の甘さも無視できない（『宮城県岩出山町・座散乱木遺跡検証発掘調査報告書』、二〇〇三年、「自然科学的分析」『前・中期旧石器問題の検証』、同年）。あるいは地層の科学的観察の軽視も挙げられよう（『宮城県築館町上高森遺跡検証発掘調査報告書』、二〇〇二年）。これら技術論的な視点の欠落と、「資料批判の精神とそれを議論する諸条件が十分に発達していなかった」（春成秀爾「考古資料の偽造と誤断」『国立歴史民俗博物館研究報告』第一〇八集、二〇〇三年）という現実が藤村氏の暴走を助長させていったのは、多くが認めるところである。

だが、事件の全貌を明らかにするには、絡み合った要因をひとつずつ紐解くとともに、藤村氏の心理変化や彼を取り巻く環境の醸成過程までさかのぼってゆく必要がある。

東北旧石器文化研究所は一九九二年、それまでのサークル的な愛好家団体に過ぎなかった石器文化談話会から、さらに専門集団として脱皮せんがために生まれた組織であった。だが、鎌田氏や梶原氏らのプロを含んでいたとはいえ、やはり民間団体としての限界があった。すなわち、当事者ら自身が述べるように、民間の研究機関になった時点で、その活動が生活の糧を左右することになるという現実が生じた。そこに学術機関としての独り立ちの難しさがあった。

確かに、鎌田氏は寺の住職だし、梶原氏は大学教授という立場、藤村氏も当時は会社員であった。しかし、それらを差し引いても、民間の団体にとって雇い主に対する発掘成果の提示は死活問題だ。が、メディアをにぎわすような発見がそうそうあるわけはない。必然的に、成果を出さないと次の仕事が来ない、という本末転倒の思いを抱えることになった。何より、飛ぶ鳥を落とす勢いにあった彼らのプライドが、成果の空白期を許さなかったのかもしれない。結果的にこれが報告書の刊行を遅らせ、発見第一主義に暴走させていく連鎖を生んだといえよう。

自治体からの委託を受けるためには知名度を増す必要がある。文化財報道に大きな紙面をさく日本のメディアの影響力は絶大だ。こうして悪循環が生まれた。旧石器捏造事件の伏線として、メディアがその一翼を担ってしまったことは否定できない事実である。その意味では、捏造事件は過熱したマスコミの落とし子ともいえる。

いずれにしろ、考古学は遺物あるいは遺構あっての学問である。よく実証の学問といわれるように、大なり小なり帰納法《きのうほう》的な研究手法によっている部分が大きい。昨今はあまりに実証主義に偏り、細分化され過ぎたための弊害、たとえば土器の型式編年のみの追究など狭量な視野への危険性も叫ばれている。その反動か、行き詰まり打開へ向けた演繹《えんえき》的な思考法や、個々の研究成果の有機的な連結を求めたうえでの大胆な仮説の提唱、または抽象的で理論的な新分野を志す研究者も増えてきた。

が、やはりモノがなくては始まらない。自分の専門分野以外では素人、という研究者が多い考古学の場合、ある特定分野で一定の評価を受けている者の発言力はおのずと大きくなる。現場至上主義といわれるように、プライオリティーの尊重が暗黙の了解とされ、発表時の見解に盲従する傾向が出てくる。掘った者が最も事実を把握している、だから発掘に携わってもいない他人がとやかくいえる筋合いではない、というわけだ。研究者もわずかで、フロンティア、パイオニアといわれる分野ではなおさらである。その代表格が前期旧石器研究であった。

暴走の果てに

当初、藤村氏は「小鹿坂を上回る成果を上高森で挙げなければならないプレッシャーがあった」と語った。被害が拡大するに及んでそんな言い訳は簡単に崩れ、捏造行為は計画的で、決して刹那《せつな》的なものではなかったことが判明していった。

『前・中期旧石器問題の検証』の「総括」は、彼が捏造に及んだ動機を「学問的な探求心ではなく、名声の獲得を目的とする行為であった可能性がつよい」と断じ、彼を取り巻く「第一次関係者」と、その華々しい成果に群がった「第二次関係者」という強固な重層構造が、少数派の「対極者」の干渉を拒んできたとしている。ただ、藤村氏が、どの時点で明確な「名誉欲」を意識したのかはわからない。

彼にとって最も大事なのは、喜怒哀楽を共に味わってくれる仲間たちだったのではなかろうか。そうだとすれば、「総括」も推測するように、「仲間の眼を自分に向けて欲しかった、極くありふれた思いが、迷い込ませるに至った初期の精神状態が、そのまま抑止力のきかないままに、ついとり返しのつかないさらなる行動に走らせた」という可能性は否定できない。要するに、捏造は極めて幼稚で素朴な発想に端を発していた一面が見えてくる。それは、秩父の「住居址」について、藤村氏の恩師に対する「約束をひとつ果たせたかなと思っています」（「秩父原人に出遭った日」『正論』五月号、二〇〇〇年）という無邪気な発言にも垣間見ることができよう。

もちろん、社会的な圧力も全面的に否定されるものではない。町興しの起爆剤として地元自治体が藤村氏にかけた期待は大きかっただろう。それに応えるかのように、藤村氏は「最古の石器」をひたすら生産し続けた。

藤村氏の心を知らずして、外部の者が彼の行動とその動機を簡単に決めつけることはできないが、たとえどんな弁明があったところで、藤村氏は捏造への誘惑に打ち勝つことができず、自ら真の研究者に脱皮する機会を閉ざしてしまったのは確かである。

マスコミにもてはやされ、一時は埼玉県から県民賞までもらった藤村氏だが、その居心地のよさに安住したとはとてもいえまい。彼は発覚直前、仕事の関係で心身ともに疲れていたともいわれるし、関係者の証言によると、「大学の講師になれないだろうか」と口にしていたという。

同時に自己主張が強く、自分の名前がメディアに登場することに対しても強く執着していたようだ（河合信和『旧石器遺跡捏造』、二〇〇三年）。実際、藤村氏は、自分が在野と呼ばれることを気にしていたらしい。そのコンプレックスと相まって、名声が高まれば高まるほど「より古い石器の発見」へ傾斜を強めていったのは想像に難くない。その結果、自分の理解さえも超える、社会が作りあげたもう一人の藤村像が独り歩きし始めた。

加速度的に増加していった彼の「新発見」は、その不安と焦りを必死に訴える声なき叫びだったのかもしれない。

問われるモラルハザード

では、いわゆる「プロフェッショナル」ならば、このような不祥事は起きなかった、といえるのか。愛好家などの入り込む余地がない分野、たとえば自然科学の諸分野では、捏造事件などは起こり得ないと言い切れるだろうか。

確かに、理系の論文ひとつとっても、複数の研究者が名を連ねる共同研究が目につく。そこではお互いのチェック機能が働くだろうし、相互の綿密な意見交換もあろう。複数の研究者が支持し、はじき出されたデータによる「確からしさ」がすべての世界である。捏造事件については自然科学の一角を占める人類学から、権威への追従、科学的な批判精神の欠如、現場担当者と大学など研究機関の研究者との分離という二重構造、確率統計学的な論理構造の無理解、世界的視野での理解と経験の不足など、考古学界が抱える数々の問題点が指摘され、激しく糾弾された（馬場悠男「旧石器遺跡問題の批判と更新世人骨問題の現状」『検証・日本の前期旧石器』、二〇〇一年ほか）。異なる分野から寄せられた諫言《かんげん》として真摯《しんし》に受け止める必要があろう。

むろん、自然科学系分野のなかに恣意的な操作が皆無であるとはいえない。分析結果の改竄《かいざん》もなきにしもあらず、と聞き及ぶ。先の人類学史においても、ピルトダウン事件は有名だ。いまだ真相は闇に包まれているこの事件でも、首謀者の候補とされるドースンは知識と才能を持ちながら、大学を出ていなかったばかりに、大卒の弟たちを見返すための行動として偽造に走った、という見方もある（山口敏「ピルトダウン事件の行方」『考古学研究』第四五巻第四号、一九九九年）。捏造事件の藤村氏の立場と一脈通じる点があるように思えてならない。

また、当の考古学界においても、近畿で相次ぐ著名な古墳の発掘に似通った状況を重ね合わせて慎重さを求める声がある（小林達雄「研究への謙虚な姿勢こそ」『季刊考古学・別冊11　日本考古学を語る―捏造問題を乗り越えて―』、二〇〇三年）。

つまるところ、文系であっても理系であっても、研究者が一人であっても複数であっても、問題は研究者自身のモラルに起因するということだ。そして捏造の背景には、商業主義や経済的効果、功名心、社会的地位への欲求など、倫理観をゆがませるだけの社会の誘惑や学界における立場関係を想定しなくてはならない。学問や研究の最終目的は人間社会への貢献である。しかし、学問の世界と実社会との密着度が高まれば高まるだけ、研究者に課される責任は大きくなるということを、研究者一人一人が胸に刻み込んでおくべきではなかろうか。

さらに加えれば、同様の心理状態に追い込まれた結果の捏造行為は、旧石器遺跡捏造事件を追及してきたジャーナリズムにも起こり得る。記憶に新しいのが、イラク戦争時、『ニューヨーク・タイムズ』紙に籍を置く二十代後半の記者が、会ってもいない負傷した米兵のインタビュー記事を書いたり、他紙や通信社の記事を盗用したりと、少なくとも七三本中三六本の記事に不正な行為をしたというもの。『ニューヨーク・タイムズ』紙は当初、「あくまで個人的な不正」と主張した。

藤村氏と同じく、彼を巡る黒い噂はあった。が、会社はそれを黙殺した。一方、アフリカ系アメリカ人である彼は、少数者への優遇措置で雇用されたこともあって「無能だと見くびられないように必死だった」と告白している（二〇〇三年五月二十二日付『朝日新聞』）。また、これほどの捏造記事の量産が可能だったのは、編集のチェック体制が不備だったからとの批判もくすぶっている。この若い記者と藤村氏、『ニューヨーク・タイムズ』紙と日本考古学界が二重映しとなって見えるのは、私だけだろうか。

事件の社会的帰結

旧石器遺跡捏造事件が生まれた原因を、私なりに考えてきた。日本人の無類の歴史好き、考古学的成果の情報源をマスコミ報道に頼らざるを得ない状況、学界における研究を市民へ還元するシステムの未整備、そんな諸々の要因が事件の温床になったように思う。

『検証・日本の前期旧石器』収録の『北京晨報』を引用すれば、「一つだけはっきりわかるのは、日本民族の負けず嫌いという心理である。日本人は今の世界において経済大国となっていることに満足せず、さらに世界の政治大国、世界古代文明の大国になりたがっている」。いかにも中国らしい論評で、個別性よりも総体性を優先し、単純化が過ぎる感がないでもない。藤村氏が日本という国を背負うことを意識していたわけでもなかろう。だが、誰がこの論調を的はずれだと一《いっ》蹴《しゅう》することができようか。

邪馬台国論争をみればわかるとおり、日本人とか国家というレベルではないにしろ、多かれ少なかれ新聞をにぎわせる考古学の新発見が、自分とは何なのか、という誰もが持つ問いかけへの足がかりになっているのは確かだ。捏造された旧石器遺跡が、いとも簡単に人々の心に染み込んでいったのは、何もマスコミによるセンセーショナルな報道のせいばかりとはいえまい。日本人には、自らのルーツを求める欲求と、それゆえに過度の期待を抱いて相次ぐ発見を無防備に受け入れてしまう精神的土壌が存在するように思えてならない。

藤村氏の捏造行為を暴いたのは、極めて基本的なジャーナリズムの好奇心であった。しかし、遅かれ早かれその発覚は時間の問題だったはずだ。

堰《せき》を切ったように日本列島の文化を数十万年単位でさかのぼらせ続けた藤村氏は一時、一〇〇万年前の石器まで口にしたという。そうなれば北京原人の年代を大きく飛び超え、人類学界の定説にさえ挑戦することになる。さすがにまずいと思ったのかどうかはわからないが、「新発見」は、ひたすらさかのぼり続けた個々の「石器」の古さから面的な「遺構」へと転じていった。具体的には、上高森遺跡の「柱穴」や長尾根遺跡の「土壙《どこう》」、小鹿坂遺跡の「住居址」などである。その予兆は一九九四年すでに、上高森で示した「石器埋納遺構」においてU字形とT字形に石器をそれぞれ配置し、性差を意識した高い精神性を主張する説への材料を与えたことに表れている。

このままいけば、さらに奇天烈《きてれつ》な珍発見がなされ、いずれは破綻《はたん》する運命にあったのは確かだろうが、今回のような有無を言わせぬ明確な形で終結を迎えるのは難しかったはずだ。灰色の疑惑を抱えたまま、あるいは肯定派と否定派が相半ばしたまま、さらに多くの時間と労力が無駄に費やされることになったのではなかろうか。その意味では、ジャーナリズムによってきっぱりと決着がつけられたのは、不幸中の幸いだったように思う。

さて、旧石器遺跡捏造事件は、発掘の成果が公になるまでの過程の安易さ、お粗末さを浮き彫りにした。そして報道されると同時に、それが「事実」として世間に認知され、一瞬にして定着してしまう恐ろしさを見せつけた。

信頼の再構築に向けて

これを教訓として、今後、チェック機能の強化や慎重さがいやがうえにも増すであろう。しかし、それがマイナス要因として働き過ぎることが怖い。実際、事件の発覚以来、旧石器時代遺跡の発表や記事が減ったといわれる。ある研究者は「臭いものに蓋、触らぬ神に祟りなし、痛くもない腹をさぐられたくない、そんな雰囲気は確かにある。そのなかで、重要な遺跡が世間に知られることなく葬り去られることが心配だ」という。

あまりにも懐疑的になりすぎれば、成果は公開されることなく埋もれ、研究者同士の情報交換さえ難しくするかもしれない。また、創造性豊かな新説や斬新な仮説が意味もなく批判の対象になり、ひいては「寄らば大樹」の新たな権威主義を生むことにもなりかねない。かつての象牙の塔と呼ばれた閉鎖的な時代に逆戻りし、市民への情報提供が閉ざされることがあってはならない。

捏造騒ぎの轍《てつ》を踏むまいとするあまり、常識では説明のつかない出土遺物がお蔵入りする可能性を心配する研究者もいる。前・中期旧石器文化のようなパイオニア的分野には、定説で推し量れない要素も出てこよう。しかし、それをも対象として許容し、確実なものを取り出してゆくキャパシティが必要である。典型ばかりを信じていては学問を切り開いてはゆけない。かつてアマチュア考古学者、相沢忠洋が発見した群馬県岩宿《いわじゅく》遺跡の石器が、長い間、「日本に旧石器時代はない」という常識の壁に阻まれたエピソードを改めて思い出したい。

一度向けられた疑惑を完全にぬぐい去るのは難しい。これからの発掘成果に世間から懐疑的な目が向けられるのは避けられないだろう。考古学に携わるものにとって、あぶり出された学界の恥部を直視することは大変な痛みを伴うに違いない。しかしそのつらさをプラスに転じることができるか否かは、それぞれの研究者次第である。

旧石器遺跡捏造事件は考古学研究に携わる者のモラルと職責を改めて認識させた。それを自覚することから、新たな信頼の再構築が始まる。

聖嶽洞穴問題の経緯

私はあの出来事に触れるたび、『藪《やぶ》の中』という芥川龍之介《あくたがわりゅうのすけ》の小説を思い出す。そう言ったら、言い過ぎだろうか。複数の関係者の証言や学術的考察が食い違う。真実がどこにあるのか、誰にもわからない。聖嶽洞穴《ひじりだきどうけつ》問題は、そんな不可思議な、私にとって生涯忘れることのできない取材となった。

暗く重い記憶

さまざまな憶測が飛び交い、関係者の葛藤や研究者同士の確執《かくしつ》もあった。また、遺物の出土状況の不自然さから恣意《しい》的な操作をにおわせる噂《うわさ》もあったようだ。しかし、今となってはそれらに何らかの裏付けを見いだすことは永久に不可能であろう。確かに、旧石器遺跡としての否定という点のみを拡大すれば、そこに東日本の旧石器遺跡捏造事件と共通する構図を見ることは不可能ではない。が、それ以上に、聖嶽問題は、過去の発掘調査へのアプローチの仕方、責任者を死に至らしめた原因、報道の倫理、民事訴訟への発展など、学問の世界を超えた多くの社会的要因を含む。それがこの問題をいっそう複雑にしている。

あらゆる報道機関、言論機関が競って取り上げた旧石器遺跡捏造事件に比べれば、その全国的な報道や論評はわずかだったといわざるを得ない。しかし、逆に聖嶽は、私たちがこれから背負い続けてゆかなければならない、泥沼のように重い教訓を残したのである。

考古学界に暗い影を落とした聖嶽問題。一連の報道に携わった者としてそれを多少なりとも書き残すことは、今後の文化財報道のあり方を問ううえで意義あることと考える。新聞記者として、ここに可能な限り客観的な経過を記録しておきたいと思う。

聖嶽発掘の現場に立つ

私が聖嶽を訪れたのは一九九九年の冬、三七年ぶりの再調査の最中のことだった。通りすがりの食堂などに道を尋ねながらようやく現場にたどり着いたのは、すでに正午を回った頃だっただろうか。鬱蒼《うっそう》と茂る木立のなかを一本の道が延びていた。道端には何台かの乗用車が縦列し、脇を流れる沢では学生たちが冷たい川の水で遺物を選り分ける作業を黙々とこなしていた。

聖嶽洞穴は大分県南部、本匠《ほんじょう》村の山間に位置する。といっても村の中心部からそう遠いわけではない。「聖嶽」の文字を刻んだ石碑のある麓から三〇分ほど急斜面を登っていけば、やがて森の中に開口部が見えてくる。だが、もともとここには道などなかった。立派な道を切り開き、

図25　深い森の中に開口する聖嶽洞穴。1999年，学際的な態勢で再調査が実施された

調査団に便宜を図ってくれた村の人々の大きな協力があったからこそ実現した再調査だった。それは村人たちの調査への期待の表れだった。

息せき切って登ってゆくと、陰をつくる大きなテントが見えた。ちょうど昼食時間だったようで、数人の調査員が休憩を取っていた。その向こうから、岩場を細く縦に走る割れ目が視野に飛び込んできた。別府大学の橘昌信氏が快く迎えてくれた。

橘氏の案内で割れ目に足を踏み入れる。内部は闇だ。なんとなく思い描いていた単調で広い空間とは似ても似つかない。人一人通れるかどうかというほど細く狭く、上下左右にうねうねとカーブを繰り返す穴が続く。

やや広がった場所でカンテラのもと、調査が続いていた。カメラを構え、写真を撮ろうとするが、狭いために全体が思うように視界に収まらない。人間ばかりがでかくなり、発掘の様子や洞穴内の雰囲気をうまくとらえられない。

聖嶽の洞穴にはかつて聖人が住んだと伝えられ、それが名の由来らしい。しかし、よほどの理由があっての苦行の場とでもしなければ、とても快適な住み家とは言い難い。ただ、いつの時代かわからないけれど、確かに人の入り込んだ痕跡が認められているし、事実、中世の人骨も出土している。

第一次発掘調査

聖嶽洞穴に本格的な調査のメスが入ったのは一九六二年のこと。洞内に人骨が散らばっていると村民が別府大学に報告し、賀川光夫教授らによる六一年の予備調査の結果、有望な遺跡と判断された。その翌年、日本考古学協会洞穴遺跡特別調査委員会の委嘱を正式に受けて賀川氏を中心に調査団が組織され、発掘を実施した。

参加者は六人。賀川氏をはじめとして、形質人類学の小片保新潟大学教授、当時、高校教諭をしていた後藤重巳別府大学教授のほか、村の教育長や発掘好きの文房具店店主らが加わっていた。現在のように組織化、マニュアル化された緊急調査とは一風異なる、研究者と市民が一体となった、古き良き時代の学術発掘の風景がしのばれる。調査中には賀川氏の盟友、江坂輝彌慶応義塾大学教授や八幡一郎東京教育大学教授らも視察に訪れた。

成果の概要を簡単にまとめてみよう。現場は三つの層に分かれ、底の確認できない最下層が旧石器時代の文化層とされた。中世頃の人骨とともに、旧石器時代の骨や石器が見つかったという。石器には石核《せっかく》、細石刃《さいせきじん》、台形様石器、ナイフ形石器など明らかに後期旧石器時代の遺物があった。しかし、出土状況は「相当に少なく、包含層というよりは散布状態」（日本考古学協会洞穴遺跡調査特別委員会『日本の洞穴遺跡』、一九六七年）だった。

旧石器時代人の特徴を持つとして注目を浴びた後頭部の骨は、天井の幅ほどもある大きく厚い落石の下から出土。天井から剥落した巨石らしく、その上には長時間の経過を思わせる一・五メートルの鍾乳石《しょうにゅうせき》が形成されていた。古人骨を担当した小片氏はとりわけ一・二センチもの厚みに着目し、相当古いと考えた。小片氏はさらに、この骨と中国・周口店《しゅうこうてん》の上洞人（山頂洞人《さんちょうどうじん》）とのつながりを強調する。

かくして聖嶽洞穴は、旧石器と旧石器時代人骨とがセットで出現するという極めて珍しい、日本人のルーツの鍵を握る遺跡として内外に認知されるにいたったのである。

「聖嶽人」の謎を解け

しかし、聖嶽には謎があった。まず、当初の報告によると石器の数はわずか一〇点前後なのに、さまざまな形態を含んでいたこと。しかも、細石刃は旧石器時代終末、ナイフ形石器と台形様石器は細石刃をさかのぼるもので、さらにそれぞれ時期が異なるとされる。出土数に対して、種類の多さと時代幅の長さは、確かに理解に苦しむ。

遺跡の性格もはっきりしない。つまり、細石刃や石核があるならば、ここで石器づくりが行われたことになるが、それを示すチップもないし、洞穴内は湿っていて生活遺構とはとても考えられない。かといって、墓と確定できるだけの根拠もなかった（のちに九州大学の田中良之氏が、中・近世人骨については一三体以上が埋葬された可能性を『聖嶽洞窟遺跡検証報告』で指摘）。

これらの疑問点については、賀川氏自身も「本洞穴における人骨の存在や、さきに述べた細石器の出土状況などなおさらに解決しなければならない問題も多く、今後人骨の精査と共に同様長《ママ》洞穴調査の必要が痛感される」（『洞穴遺跡調査会会報』、一九六二年）などと当初からその旨を記しており、解明を将来に託していたことを知ることができる。

それから四〇年近く後、日本人と日本文化の起源の究明に向けて多角的な視点で迫ろうという四年がかりの学際的な大型プロジェクトが、全国の研究者の手で動き出していた。文部省科学研究費特定領域研究「日本人および日本文化の起源に関する学際的研究」、領域代表者である分子人類学者の尾本恵市氏の名前をとって、通称「尾本プロジェクト」とも呼ばれた壮大な計画である。

日本人はどこから来たのか。この日本列島の人類史上、最大の命題を巡っては、埴原和郎氏によって形質人類学から「二重構造モデル」が提出されて以来、急速に関心が高まっていた。人骨の形態のみならず、古人骨から直接ＤＮＡの抽出に成功し、ＰＣＲ法（二重らせん構造であるＤＮＡの塩基配列の一方がわかれば、もう片方の並びも判明するという性質を利用し、わずかなサンプルから膨大な量を増幅させる方法）の開発など、分子レベルでも著しい進歩を遂げていただけに、その鍵を握る旧石器時代人骨の再検討と新たな資料の発見は、多くの研究者が待ち望んでいたものだった。このプロジェクトでも二重構造モデルの検証に向けて、二〇〇〇年一月に沖縄県宜野湾市の沖縄国際大学で二日間にわたる大規模なシンポジウムを開くなど最大の関心事のひとつとして扱われてきた。

二重構造モデルとは、旧石器時代や縄文時代に住んでいた大陸南方系の人々のなかに、弥生時代になって北方系の人々が流入し、混血した結果、北方的要素が席巻した本土に対して、南北の端にあたる琉球諸島と北海道には南方的要素がその身体的特徴に強く残存した、とする仮説である。だが、考古学的には旧石器文化の北からの波及を認める見方も強く、文化は北から、人間は南からという矛盾をどう解釈するかが問題になっていた。

聖嶽人が中国北部に位置する周口店上洞人に類似するのなら、この矛盾を合理的に説明できるかもしれない。尾本氏自身も新人の日本到達に大陸の北回りルートの存在を唱え、「上洞人こそ重要な鍵を握っているのではないか」（『分子人類学と日本人の起源』、一九九六年）と述べるなど、聖嶽人骨に関心を寄せていた一人だけに、その再調査はまさにうってつけの対象として、論争に一石を投じる新資料の発見が期待されていた。

第二次発掘を実現させたのは、プロジェクトの考古学班代表者だった国立歴史民俗博物館の春成秀爾教授らであった。春成氏は弥生文化を網羅する研究や抜歯習俗による出自システムの解明などで知られる一方、「明石原人」の検証にも情熱を燃やすなど、研究対象は旧石器時代も含めて多岐にわたる。

動き出した検証プロジェクト

春成氏らは第一次調査をした別府大学関係者に協力を打診。賀川氏が定年で別府大学を離れた後、同大学における考古学研究の中心となり、九州旧石器文化研究会会長として九州の旧石器時代研究を引っ張ってきた橘氏を団長に据え、関東の旧石器研究に取り組む東京都教育委員会学芸員の小田静夫氏とともに副団長として脇を固め、考古学や人類学、動物学、年代測定学など多彩な分野の専門家で構成する調査団を結成した。

一九九九年十二月十日から二週間の日程で、再調査は始まった。第一次発掘から実に三七年ぶりのことであった。

十二月二十日、聖嶽には小雪が舞っていた。現場への登り口となる道路の脇にテントを張って報道発表が行われた。ペンを持つ手が震えるほどの凍てつく寒さだったが、全国紙や地元紙、通信社、テレビなど多数の報道陣が集まり、関心の高さをうかがわせた。

その場で、待望の新資料の発見が報告された。人骨に関するものでは骨や歯などたった四点だったが、当時、旧石器時代人骨とされていた資料は全国で二〇例にも満たないうえ、そのほとん

図26　多くのマスコミが注目した聖嶽洞穴再調査の報道発表

どが断片的で、なかには人骨かどうか疑わしいものさえあるといわれていただけに、日本人のルーツを巡る議論に直接かかわってくる格好の素材として、各報道機関は華々しく「成果」を伝えた。

それが暗転するのは翌二〇〇〇年夏のことだった。調査団から一通の手紙が届いた。出土した指の骨を分析した結果、フッ素含有量は〇・五二九%で一万年以降のものと判明、当初予想されていた一万四、五千年前の後期旧石器時代のものとは考えにくい、との内容だった。

私自身も失望したのか、社会面に出稿した記事は淡々とした書きぶりである。確かに残念な結果には違いないが、検討を重ねたうえでの修正は学問につきものだ。ただ、この結果がやがて賀川氏の自殺に結びついてゆくなどとは、夢にも思っていなかった。

捏造事件の飛び火

二〇〇〇年十一月五日、東北旧石器文化研究所の元副理事長、藤村新一氏による旧石器遺跡捏造事件発覚の朝を迎える。『毎日新聞』の地道な調査報道による大スクープだった。そして、この出来事が第二の疑惑騒動を派生させる。

捏造事件が聖嶽に飛び火したのは二十一世紀が始まって間もない頃だった。発端は週刊誌の報道。「第二の神の手」の見出しが強烈なインパクトを与えた一月二十五日号の記事に始まり、その後、三回にわたって「聖嶽疑惑」を報じた。当初の内容は、一九六〇年代の発掘で出土したとされる石器には聖嶽以外のものがあり、その背景には発掘者の意識的な操作の疑いがある、というもの。明言は避けているものの、読みようによっては、当時の責任者だった賀川氏の関与をにおわせるととられかねない部分があった。

週刊誌の記事が事実とすれば、コトは重大である。東日本の捏造事件は、学界の問題点を改めてあぶり出したとはいえ、多くは藤村氏という一人の人物による特殊な事例と思われてきた。しかし、同様の例が複数になった場合、旧石器研究における捏造は例外的なケースとはいえなくなり、一気に普遍化してしまう。

さらに二〇〇一年一月二十一日、東京・一ツ橋の日本教育会館で行われたシンポジウム「前期旧石器問題を考える」では、沖縄具志頭《ぐしかみ》村の港川《みなとがわ》人などわずかな例をのぞいて、旧石器時代人とされてきた古人骨は従来の想定よりずっと新しいとの見解や、聖嶽人骨と形態的に同じような骨は江戸時代にもあるという発表が、国立科学博物館の馬場悠男氏からなされた。

そして翌日、シンポジウムに後援として名を連ねていた『毎日新聞』によって、なぜか聖嶽のみ新たな疑惑として全国に報じられた。西部本社版での位置は一面の左上。いわゆる「肩」と呼ばれる所で、その日のすべての記事の中で二番目に大きな扱いである。もはや週刊誌のスキャンダル記事では済まなくなった。こうして聖嶽は、疑惑の渦中に放り込まれることになる。

しかし、ほとんどの旧石器人骨が新しくなるのではないかという主張は、常々、耳にしていたことだし、牛川人《うしかわ》にいたっては人間というよりむしろ象に近いといわれてきた。また、お茶の水女子大学の松浦修治氏によってフッ素分析が進められ、加速器質量分析計を使った炭素年代測定法（AMS）などでも、通説より新しい年代が出始めていた。つまり、これは科学の進捗による、より精度の高い数値が出たということであって、捏造とは次元の異なる話である。「夢が壊れるようでさびしいが、仕方がないね」（京都大学名誉教授の池田次郎氏）という人類学者たちの気持ちはわかるが、それは学問の前進として、むしろ喜ぶべきことであろう。

捏造事件に関しては、誰もが焦りを感じていた。そんな状況は記者の判断を狂わせ、私たちに、冷静な判断はむしろ「書き得」の邪魔になるという危うさ——マスメディアが避けて通れない永遠の課題——さえ抱かせ始めていたのかもしれない。

同じ頃、聖嶽洞穴の第一次調査を手がけた別府大学は、週刊誌が投げかけた「疑惑」への対応に頭を痛めていた。そして事情が明らかになるにつれ、聖嶽出土石器について当初報告されていた数と大学付属博物館に保管されている数が合わず、管理のずさんさが表面化し始めていた。

大学の苦悩

通常なら一地方大学の管理能力の是非が全国紙の紙面をにぎわせることなどあり得ない。国公私立を問わず、他の大学でもあり得る話だし、「大学の自治」の問題といってしまえばそれまでだ。むしろ、役所の倉庫で行方不明になった書類の方がはるかに莫大であろう。

しかし、大学の管理問題もまた捏造騒ぎともつれ合い、やがて世論の関心は「聖嶽疑惑」をエスカレートさせてゆくことになる。注目が高まるにつれ、マスコミも報道しないわけにはゆかなくなる。特に、週刊誌や『毎日新聞』の記事が取りざたされ、結果的に出遅れてしまった格好の他社は、巻き返しに躍起になっていた。

とりあえず大学関係者にあたらねばならない。大分へ赴き、関係者に話を聴いて、資料を集めるなかで、聖嶽出土石器数の著しい食い違いのみならず、当時の文献や記録によって出土状況がまちまちなこと、発掘調査の過程がいまひとつ明確でないこと、などが浮かび上がってきた。

具体的には、発掘直後に当たる一九六二年の報告で八点と記された石器数が、六四年と六七年の研究誌では調査時の資料に含まれない石器が本文や写真に加わって一五点前後に増加し、さらに八一年の論文では福岡県筑紫野市の峠山遺跡や宮崎県佐土原町の船野遺跡の石器が少なくとも一点ずつ混入するなど一気に二七点に増え、本来の聖嶽洞穴の出土品がわからなくなったことが判明したのである。

二〇〇一年二月二十五日、『朝日新聞』は、聖嶽洞穴の発掘は学術調査だったにもかかわらず、研究機関が出土遺物管理の甘さを露呈し、東日本を舞台にした旧石器遺跡捏造事件に続いて日本の旧石器時代研究の信頼を揺るがすことになった趣旨を、朝刊社会面で報じた。九九年出土の人骨は旧石器時代までさかのぼらないとの分析結果や、六二年の石器の出土状態は不自然だとする声がくすぶっていること、これを受けて一月末、別府大学は学内に「聖嶽問題検討委員会」を設置し、石器の保管状況を調査してきたこと、などを知らせた。また、資料活用のため、展示や貸し借りをする段階で別の遺跡の石器が混じる可能性もあり得ること、などの大学側のコメントも載せた。

縄文石器の混入

別府大学は混乱していた。学内に検討委員会は発足させたものの、「詰められるだけ詰めて急がなくてはならないと思うが、終わりのない、非常に難しい問題。大変だ……」と担当者も頭を抱えた。結論を出すといっても雲をつかむような話であった。さらに、その混乱はまったく違った次元、個人的な誹謗《ひぼう》中傷にまで及んだとも聞く。

別府大学付属博物館と当時の調査団長だった賀川氏は、石器そのものの評価を九州地域の旧石

図27　聖嶽洞穴から出土したとされる石器群

器時代を専門とする学外の研究者一五人に依頼し、二月十八日には検討会が開かれた。その結果、一九六一年の予備調査と翌六二年の本調査で出土したとされ、現存する合計一二点のうち、四点は後期旧石器時代の石器、七点は縄文時代後期と晩期のものであるとの見解で一致した。あとの一点は不明だった。その時点で材質は、後期旧石器時代がすべて長崎県牟田《むた》産の黒曜石《こくようせき》、縄文時代はすべて佐賀県腰岳《こしだけ》産の黒曜石だと判断された。

三月六日、大学側は学長や学部長ら、さらにオブザーバー的に学外の検討会に立ち会った、弥生文化を専門とする西南学院大学の高倉洋彰氏も出席のうえ記者会見を開き、その結果を公表した。高倉氏は、後期旧石器も二つの時期に分かれ、縄文時代の二時期と合わせて複数の時期の石器が混入している可能性があると語った。また、大学は当初の一四点のうち二点が行方不明になっていることも明らかにした。

会見には全国紙や地元の報道機関はもちろん、在京のテレビも取材に訪れた。また、「聖嶽疑惑」に火をつけた週刊誌の記者の姿もあった。

少子化の時代、地方の私立大学は存亡の危機に立たされている。別府大学のような小規模な大学はなおさらである。それも看板の考古学分野にかかわるスキャンダル。九州各地の自治体に専門職員を送り出してきた名門だけに、大学を守ろうという気持ちは教職員一同、同じだったに違いない。

だが、この日の記者会見では、学内での意思疎通のほころびが見て取れた。質問内容に対する明確な回答が得られなかったり、時として一貫性を欠いていたり、あるいは用意されていなかった資料がその時の報道陣の要求ではじめて配布されるなど、対応のまずさが目立った。私には残念ながら、大学としての自浄作用を示すせっかくの機会を逃してしまったように思えた。

午後二時に始まった記者会見は著しく延長され、六時以降にまでもつれ込んだように覚えている。私たちは大分支局に戻り、大急ぎで原稿をまとめた。

予想外の会見

実は、この日の記者会見には続きがある。不手際ばかりが目立った会見もどうやら終わり、報道陣が引き揚げようとしていた時のことである。エレベーターを待っていると、大学側から「賀川先生が下の会場で待っている。よろしければどうぞ」との案内があった。

原稿の締め切り時間まで余裕があるとは言い難かったが、その日の会見結果について改めて賀川氏にコメントをもらおうと思っていたのでちょうどよいとばかりに、私を含めて一部の記者は会場に向かった。その数は数社もなかったと思う。

賀川氏は広い学生ホールに控えていた。いつ終わるとも知れない大学側の記者会見の間、じっと待っていたという。「当時の発掘状況を詳しく説明したい」と、自ら望んだ会見だった。

九州考古学界の重鎮ながら、その柔らかな物腰と気さくな人柄で、弟子たちのみならず多くの人々の敬愛を集めてきた。私自身も何度か、大分県日出《ひじ》町の自宅までうかがって、お世話になっていた。久しぶりにお会いしたのがこんな形だったのは残念だったが、記者会見という場で取材者と被取材者として対峙《たいじ》したとき、妥協は許されない。だが、われわれが質問するまでもなく、賀川氏は思い出せることすべてを話したいと決心していたようだ。

「今から見ると発掘は大変劣悪なものでした。でも、目的一筋でした」。賀川氏は、そう切り出した。

「四〇年の歳月で、記憶がわからないところもある。日時や石器など思い出すこともあるし、忘れたこともあります」

「石器は予備調査、本調査合わせて一四点。予備調査の段階で九点ほど出ていたと思うけれど、石器とならないのもあり、私が確認したのは六点。一点は失われているようで、それを入れると一五点。それは間違いない実数です」

「石器数は極めて少なく、散布状態で出たので、合同（『大分合同新聞』）にも、縄文より古いのは間違いないが、いたずらに結果を急がないように、と書きました」

「非常に不安定な出土状況でした。『散布』と書いたのがいけなかったのだろうかねえ。そう書いて報告しました。手書きでしたが。『わからない旨、解決しなくてはならない問題が多い』と述べています」

「旧石器研究はようやく緒に着いたばかりで、鎌木義昌先生にも念のため二度も聴いた。『後期旧石器でよいでしょう』と言われました。橘先生にも検証してもらい、後期旧石器でよい、とのことでした」

「人骨は極めてはっきりした第三層から出土しました。小片先生は、古い人骨だと直感して言われました」

「重要な遺跡は時間がたって再考することが大事だと思っている。春成先生にも他のメンバーにも『期待する』と話しました」

「ひょっとしたら攪乱があるかもしれない。その時は最寄りの洞穴を調べて、と言いました。途中から『攪乱がひどい』という連絡がありました」

「出土状況や（石器の）組み合わせに春成さんから疑問が出たからには、私から本田さん（保存科学の本田光子別府大学教授）の研究室に、『調べてほしい』と頼みました」

「新しい問題が出てきたと思っています。重要な遺跡は時間がたって再考することが大事だと思っているから、新しい事実がわかったのは喜ばしいことです。近く洞穴遺跡が調査されるなら、民俗学や宗教学なども含め、総合的な調査が必要でしょう。春成さんの調査も、私たちのも、ひとつの学史だと思います。学史のうえで、今回の調査は非常に重要だと思う。現在の考古学者を信じて受け止め、なぜ聖嶽で繰り返し行われたのかを検討してみたい。春成さんの考えと私の考えは同じと思います」

賀川氏は自分に降りかかった予期せぬ疑惑の火の粉を振り払おうと、分厚い関係書類を机のうえに何冊も重ねて当時の記憶を懸命にたどりながら、一心に説明を続けた。お顔を拝見したのは、それが最後となった。

賀川氏は、「捏造疑惑」というスキャンダラスな騒ぎを、必死に学問上の土俵に引き戻そうとしていた。当初の発掘が一九六〇年代というおおらかな時代だったとはいえ、記録にかなりの錯誤があることは認めていた。むしろその事実関係が明らかになるのを歓迎する意向さえ示した。だから会見では、渦中の人物としてマスコミに仕立て上げられた無念さを何とかわかってほしい、という気持ちでいっぱいだったのだと思う。

会見は一時間にも及んだだろうか。締め切りの迫る報道陣が早めに切り上げたがるなか、賀川氏はまだまだ話し足りないというふうに見えた。が、翌日、私も含めて各紙が載せた賀川氏のコメントは、新聞という媒体の性格や限られた紙面の制約もあって、いずれもあっさりしたものだった。

自死の夜

賀川氏から学芸部の私に電話がかかってきたのは、掲載翌日か翌々日の午前中だったように覚えている。「捏造と言われたことは、本当に悔しい……。夜、眠れないんですよ。悔しくて悔しくて」。声が受話器にあふれた。また雑誌などから中傷を受けるかもしれないと心配していた。脅迫や無言電話もかかってきていたという。

一時間ほど電話越しに話していたが、具体的な内容についてはほとんど記憶がない。記事の内容はよかったが、複数の研究者が寄せたコメントのうち、電話取材したひとつに少し不満な様子だった。ただ、「あなたにも、もっと早く相談しておけば、と思うと残念で残念で。それだけが心残りで……」と漏らしていた言葉が今も心に引っかかっている。あれは、どういう意味だったのだろうか。自殺の直接の引き金になったのは、大学での会見後に出た週刊誌記事の第三弾だったといわれるが、賀川氏はあの時、すでに命を絶つ決心をしていたのだろうか。

二〇〇一年三月九日の夜、私はたまたま月に二回ほどの遅番勤務で、学芸部に一人きりでいた。深夜、電話が鳴った。大分支局からだった。「賀川さんが首を吊ったらしい」。支局デスクの言葉に我が耳を疑った。

支局によると、警察回りの若手の記者がたまたま県警本部捜査一課で別件の取材をしていたとき、訃報が飛び込んできたという。情報をキャッチし、すぐにピンときて支局に通報した記者もなかなかのものだが、いかんせん時間がない。地元大分に配られる十三版に間に合うかどうかの瀬戸際、ギリギリの時間帯だった。

とにかく社会部と地域報道部がまとまる報道センターに連絡して、大分支局が事実関係を取材し、一面に出稿。こちらは社会面用に、可能な限りの情報を吐き出す、という段取りを決めた。無我夢中でここ数日のことを振り返り、書き込める情報を記憶のなかから探した。

賀川氏の自宅には、夜中にもかかわらず、訃報を聞いて大勢の知人や弟子たちが駆けつけてきた。東京にいるご子息も高速道路で車をとばして帰ってきた。

冷たい雨の降るなかで

翌日、長男の洋氏は別府大学理事長らとともに記者会見した。「私の生涯すべてを辱める悪質な讒言《ざんげん》と報道に対して父は死をもって抗議します。父は学問を『白石の如く』大切にしてきました。その学者の誇があるからです」という遺書の内容が明らかにされた。研究一筋に生きてきた老考古学徒の無念さがつづられていた。

私は、とても博多から出かける時間や余裕はなく、現地取材は大分支局や別府通信局に任せたが、さっそく四本社共通面への出稿のため、準備を始めた。

ある研究者は「もし、上高森の捏造問題がなかったら、こんなことにはならなかっただろう」と嘆いた。九州でともに発掘に携わってきた別の研究者は「四〇年前は旧石器の編年もできあがっていない時代。みんな手探りでやってきた。現在のできあがった状況を当てはめようとすること自体、無理がある。それを若い研究者もマスコミもわかっていない。賀川さんのような戦中派は死をもって潔白を証明する、という気持ちがあったのかもしれない」と語った。

十二日正午、葬儀・告別式が、別府市内でしめやかに行われた。涙のような冷たい小雨が降っていた。

会場の三階まで入りきれないほどの人々が見守るなか、式は粛々と進んだ。友人代表として弔辞を読んだ元九州考古学会会長の渡辺正気氏は、その死をキリスト者の受難に喩《たと》えた。

会場には多くの賀川氏の教え子たちがいた。普段の取材活動でお世話になっている人も少なくなかった。彼らは各地の教育委員会や博物館の専門職員として九州中に根を張っている。改めて賀川氏の存在の大きさを感じた。

その五日後、別府大学では大学と同窓会主催の「賀川光夫名誉教授を追悼する会」が催され、学友らが別れを惜しんだ。

一方、日本考古学協会は三月二十四日、定例委員会を開き、聖嶽問題の真相解明に向けた小委員会を発足させることを決めた。高倉氏ら三人の協会委員を中心に九州在住研究者の協力を仰ぎながら出土石器を検証し、聖嶽洞穴の位置づけについて協会としての見解を示すことになった。

異例な報告書

一九九九年の再調査の公式報告書『大分県聖嶽洞窟の発掘調査』が明らかになったのは二〇〇一年六月のことだった。謎に包まれた聖嶽洞穴の評価を左右するものとして、かねてからその公表が注目されていたが、聖嶽は少なくとも旧石器時代の遺跡ではない、と結論づける内容であった。ところが、調査団長と副団長の意見が大きく隔たり、両者の言い分が併録されるという極めて異例の事態となった。

報告書は一一三ページ。再調査での石器や骨・歯の分析に加え、第一次調査で出土したとされる石器や人骨も検証し、考古学や形質人類学、地質学、年代測定学などの専門家が分担執筆した。

出土石器の考察を要約すると、三七年前の発掘に関する複数の記録には石器の数や日時に食い違いがあるとしたうえで、第一次調査では狭い範囲で複数の石器が出たのに再調査では数トンもの土をふるいにかけたにもかかわらずほとんどなかったことへの不自然さや、ガジリ痕があることなどを指摘し、編集者の春成氏は「この洞窟から見つかったとされる黒曜石の石器群は、ここ以外の別の遺跡、おそらく長崎・佐賀県ないし福岡県の遺跡で表面採集した石器であって、それらがいつの時点にか、この洞窟にもちこまれたと考えるのが自然な解釈」とまとめた。二月に別府大学などが依頼した九州の研究者一六人による、縄文石器の混在やすべて西北九州産の石材であることを不自然とする検討結果も収録した。

また、再調査で出土した人骨については、フッ素含有量分析からほとんどが中世以降のものと改めて報告。旧石器時代人の根拠とされてきた厚い後頭部の形質的特徴は江戸時代にも見られるなどとし、山間部を移動しながら生活した人々の遺骨である可能性も挙げている。

一方で、聖嶽洞穴に西北九州の石材が用いられていてもあり得ないことではないとする、調査団長を務めた橘氏の反論も掲載。春成氏は、いずれが妥当かは読者の判断にゆだねると結び、聖嶽洞穴の評価の難しさをうかがわせた。

報告書の刊行で、聖嶽洞穴をめぐる騒ぎはひとつの区切りを迎えた。事実上、従来の学問的価値はほぼ崩れることになったが、結局、なぜ縄文石器が混入したのかという不可解さは解決できず、過去の発掘の検証がいかに困難かを印象づけるにとどまった。

報告書を巡る論争

一連の混乱が、第一次調査当時の記録の少なさ、書物ごとの内容の食い違い、あるいはその基本資料となるべき出土遺物の管理の不十分さなど複数の原因にあったのは否定できない。さらに、報告書は研究のあり方にも踏み込み、当初から発掘者によって疑問点が指摘されていたにもかかわらず、三七年もの間、検証されることなく黙認され続けたという事実を問題視した。

戦後の復興期、研究者らが情熱を燃やして手弁当で実施してきた発掘調査には、その経済的な理由や世相もあって正式な報告書が刊行されていないケースは少なくないし、聖嶽が類例のない孤立した存在だったという事情があるにせよ、正確な記録の不備から生じる危険性はすべての遺跡研究にも当てはまることであり、考古学界全体への警鐘ともいえるだろう。

この報告書に対し、一部の研究者からの反応は極めて厳しいものだったようだ。その評価を巡って、専門雑誌や新聞紙面上での応酬があった。

田中良之氏は「この報告書の内容からこの結論を得るにはまだまだ多くの検討が必要」「いくつかの可能性をつないで一つの仮説を提示したにすぎないのではないかと思える」（六月二十九日付『西日本新聞』）、栗田勝弘氏は「結論には、思い込みや、事実誤認があり、公正に判断しようとしても、受け入れ難い内容となっている」「確証のない、奇を衒うが如き結論は、厳に慎むべきであり、軽率であるとする批判は免れることはないであろう」とした（「聖嶽洞穴の疑惑と真相」『考古学ジャーナル』四七八号、二〇〇一年）。

一方、春成氏は「これまでの批判には納得しがたいところが少なくない」として詳細に反論（「聖嶽洞窟問題」『旧石器考古学』六二、二〇〇一年）。これに対し栗田氏は、大分県内の二ヵ所の旧石器時代遺跡から出土した石器のガジリ痕の割合と聖嶽の割合とがほぼ同じ数値であるとの認識を示して、一一項目にわたり春成論文に再反駁を加えている（「大分県の聖嶽洞穴問題への提言」『古代文化』第五四巻第一二号、二〇〇二年）。

また、聖嶽出土石器を改めて観察し、「『石器群』は一時期の所産ではなく、複数時期の資料の集合として理解すべきものであることが判った」「現状では、縄文時代後～晩期以降に洞穴内に残されたとしか説明できない」とする論考（杉原敏之「聖嶽洞穴の『石器群』について」『九州考古学』第七六号、二〇〇一年）や、橘・春成・栗田諸論文にそれぞれ客観的かつ綿密に検討を加えたうえで、おおむね春成説を支持する見解（荻幸二「大分県聖嶽洞窟出土石器群の検討」『古代文化』第五四巻第二号、二〇〇二年）も現れた。

二〇〇三年十月、日本考古学協会は、九州考古学会、大分県考古学会、別府大学の協力を得た「聖嶽洞穴遺跡問題に関する調査検討委員会」の編集において、「疑惑」を一〇〇％払拭することは不可能ながらも、「『捏造』と断じることは困難」とする『聖嶽洞窟遺跡検証報告』を公表した。

やがて聖嶽問題は学界の手を離れ、遺族と週刊誌間での民事訴訟へと発展する。

舞台は法廷へ

二〇〇一年十一月一日、遺族は大分地方裁判所に提訴した。被告は週刊誌の発行元と当時の編集長、そして担当記者。総額五五〇〇万円の損害賠償の支払いを求めたが、最大の目的は謝罪広告の掲載だった。それは原告側が賀川氏の名誉回復を第一義として考えたからである。

「事件が風化していく一方で、妙なイメージだけが残されてしまう。それを避けたい」と遺族は語った。「私たちは学問的なことを言っているのではない。父の業績を確かめているわけでもない。ただ、人格を守りたい。裏付けもなく、手続きも踏まない記事で、何の確証があって父が捏造したかのようなことがいえるのか。捏造したとは書いていないというが、読者にはそう読めるし、『神の手』ともある。報道が与える被害を訴えたい」。三〇人近い大弁護団が遺族を支えた。

原告側弁護団は提訴の理由として、ずさんな取材方法、事実誤認による誹謗記事、その結果、何ら根拠のないままあたかも捏造に関与したかのような報道によって賀川氏を死に追いやったことの重大さ、などを並べた。倫理的に許される一定の節度を踏み越えた事実を論理的に解明したうえで、取材方法の違法性を追及する戦略だったようだ。

ワイドショーや週刊誌の報道を巡るトラブルでは、法廷でマスコミ側に厳しい判決が出る流れができつつあった。原告弁護団は、その流れを後退させるわけにはゆかないとし、実質的な制裁的観点から賠償額を設定したという。自らもマスコミ業界に身を置く洋氏が『新潮45』(二〇〇一年)や『創』(同)に寄せた小文でマスコミ全体に投げかけた取材手法への疑問は、当時、私たち記者が多かれ少なかれ抱いていた偽らざる気持ちであったかもしれない。

これに対し、提訴時の週刊誌側のコメントは「小誌が報じた『聖嶽遺跡』への疑問は、その後『大分県聖嶽洞窟の発掘調査』(国立歴史民俗博物館発行)によって学問的にも裏付けられたと考えています。(中略)これまでの高校の日本史の教科書には聖嶽遺跡が、旧石器時代の人骨(聖嶽人)と同時代の石器が一緒に見つかった日本唯一の例として記されていることを思えば、小誌の報道の意義は十分に認められるべきです。(中略)当然ながら、個人を名指して、責任を追及したり、誹謗中傷するような表現もしていません（後略）」というものであった。

二〇〇三年五月十五日。六回の口頭弁論を経て、大分地裁は判決を下した。

判決文は「（被告が）聖嶽洞穴遺跡には何らかの人為的な作為が加わっているのではないかとの疑いを抱くのもあながち理由のないことではない」としながらも、「賀川元教授が聖嶽遺跡の捏造に関与した疑いを摘示するに当たっては、裏付けとなる調査及び事実に相応の確実性がある場合に限って、これが真実と信じるにつき相当な理由があるというべきである」とし、それがあったとはいえないと判断。週刊誌に対し、謝罪広告の掲載と六六〇万円の支払いを命じた。

週刊誌側は、聖嶽遺跡に作為があることの検証を試みたのであって、判決はあまりに情緒的に混同している、として福岡高等裁判所に控訴。原告側も控訴した。

ずれた論点

聖嶽訴訟は、名誉毀損の事案としては特異なものだった。週刊誌が「第二の神の手」と見出しに謳ったように旧石器遺跡捏造事件を強く意識し、両者に旧石器時代遺跡の否定という似た構図があったのも確かだ。

しかし、聖嶽は四〇年近くも前の出来事であるために、疑惑を示唆する材料には過去の記憶に頼る伝聞情報もあった。裁判においても、証拠採用はされなかったが、『小説　敗北』という何とも不可解な資料が被告側から提出された。被告側の主張の根拠は結局、九九年の再調査報告書における一部の見解に基づいており、評価の決着を見ない学界の判断にゆだねざるを得なかった。

そこが、ねばり強い独自の調査報道の末に不正の現場を実際に押さえて白日の下に照らし出した旧石器遺跡捏造事件と決定的に違う。要するに、両者を同じ枠組みでとらえること自体に無理があったといえる。

その結果、法廷では、遺族側が「因果関係の立証はしないが、これ以上死に勝る苦しみはないことを訴える訴状の構成」（原告側弁護団）に重きを置き、謝罪広告掲載による名誉回復を第一に求めたように、その原因が「ずさんな取材」にあったとして報道姿勢の是非を問うたのに対し、被告側は記事内容の正確さを主張し、当初からお互いの論点の食い違いが目立つことになった。

聖嶽問題には、不幸なタイミングが重なった。検証という純粋に学問的な目的で始まった調査が、過去の調査と異なる結果を生んだ。そこに旧石器遺跡捏造事件が起こり、それと重ね合わせた報道がなされ、別府大学で関係資料の保管の不備が発覚、記録の少なさも災いして混乱が増し、当時の調査担当者の自殺、と思いもよらぬ方向へ進んでいった。

大分地裁判決が明らかにしたのは聖嶽問題のほんの一面に過ぎない。聖嶽訴訟は、報道や学界、そして社会全体が今後も考えてゆかなくてはならない多くの宿題を残した。

賀川先生のこと

聖嶽洞穴と一老学者の死。旧石器遺跡捏造事件のような華やかなスクープ劇もないし、旧石器研究再生に向けたにぎやかな論議もない。また、判決がすべてを明らかにしたとは到底いえないし、今となっては週刊誌がにおわせた疑惑の検証や第一次発掘の忠実な復元は不可能であろう。残ったのはただ、関係者の死という大きな代償と後味の悪さだけである。

聖嶽問題は、犠牲者が出たということもあって、すでにタブー視さえ始まっている。だが、少なくとも私にとっては、自らの生きた時代を記録するという使命を背負った新聞記者の一人として、決して風化させてはならない悲劇なのである。

かつて、賀川氏から「縄文晩期農耕論」と題する冊子が送られてきた。賀川氏が東アジアの視点で提唱した九州の「縄文晩期農耕論」はよく知られている。大学を定年退職後も「年寄りの冷や水」と言いながら、自分も含め先人たちの縄文農耕論の歩みをコツコツとまとめていた。

「ドングリ山と棚田」というエッセーを送ってきてくれたこともある。ドングリ山が縄文文化をはぐくみ、原初農耕を芽生えさせたのだよ、という内容だった。神仏習合の里、国東半島をはじめ歴史の薫り豊かな大分を愛した。自然が好きで、大自然は生きることとの喜びを語りかけると学生たちに説いていた。だから、別府湾周辺の山々が破壊されていくのを嘆いていた。

二〇〇〇年秋、九州考古学会七十周年を記念して福岡市東区のホテルで開かれた記念講演会の様子を鮮やかに思い出す。九州考古学界を黎明《れいめい》期から担ってきた長老の一人として、自らの人生を振り返る賀川氏の姿は実に楽しそうだった。

専門は縄文文化だが、フィールドは広かった。臼杵《うすき》の石仏や安国寺遺跡の公園化など文化財や遺跡の保存・修復にも功績を残した。大勢の教え子を育て、彼らの手による『賀川光夫古稀記念著作集・九州の黎明と東アジア』という重い論文集も発刊されたばかりだった。

ある時、電話で話していたら、風邪をこじらせたのか肺炎になりかけたけれど、韓国でシンポジウムがあるから、それには行かなくてはならない、と言っていた。中国と韓国の考古学界の重鎮と自分の三人は禿げていてよく間違われるといい、「でも、みんな亡くなり、残るは私だけになってしまったよ」と笑っていた。

絵をたしなみ、手紙にもペンと水彩でよく描いた。亡くなる年の年賀状は、ちょんまげ姿のまる顔が、上下《かみしも》姿で笑いながらお辞儀している。「少しづつ小さくなりつつあります　智力も体力も　七十八才」とそえられていた。

賀川氏の墓は、別府湾を眺める風光明媚《めいび》な場所にある。

聖嶽私見

聖嶽問題が残したもの

東日本の旧石器遺跡捏造《ねつぞう》事件に端を発したスキャンダルは、やがて九州に飛び火し、聖嶽洞穴《ひじりだきどうけつ》の調査に携わった老学者の自死という最悪の結果を生んでしまった。

確かに聖嶽洞穴は、後期旧石器時代の石器と人骨が一緒に出土したという稀有《けう》な例にもかかわらず、その評価は割れてきた。改めて繰り返せば、大分県下に普通に見られる流紋岩《りゅうもんがん》など地元の石材がない一方で、この地では異例な西北九州産の黒曜石《こくようせき》が使われ、石器組成も異常だった。細石刃《さいせきじん》や細石核《さいせっかく》といった旧石器時代終末の遺物と、台形様石器などもっと古い時期の石器群が同じ層に混在する不自然さも指摘されてきた。別府大学が学外に設けた検討会の結論のみならず、大学側の保存管理の甘さは、「聖嶽石器は考古資料として使えない」という否定的見解に拍車をかけた。

人類学界にも波紋を広げ、石器が信用できないなら同じ層から出た「後期旧石器時代の人骨」という評価もできない、と一気に根拠を失った。考古学と人類学が二人三脚で歩んできた旧石器時代研究の屋台骨が、大きくぐらついたのは疑いない。

しかし、藤村氏の捏造事件と聖嶽問題は、その根幹において異なる。

捏造事件は、『毎日新聞』が撮影したビデオという動かぬ証拠によって本人の告白を引き出し、検証方法が開発され、それが捏造の実態を明らかにするという、極めてシンプルでわかりやすい経過をたどってきた。いち早く学界あげての信頼回復への取り組みも始まり、建設的な議論が交わされた。

それに対し、ようやく軌道に乗り始めていた日本考古学再建期の出来事が焦点となる聖嶽問題は、考古学界やマスコミのみならず司法までも巻き込む事態に発展、社会問題化した。科学的な検証が進む捏造事件に比べ、聖嶽問題の疑問点を明確に結論づける根拠や証拠は乏しかった。そのため、推測と噂が入り交じりながら、あれよあれよという間に拡大していった。

研究者同士の人間関係にも亀裂が走り、感情的な言論や批判の応酬が繰り返された。自ら死という選択肢を選んだ賀川氏に対して、やるせなさをにじませた批判もあった。ある研究者は「あのころは集団ヒステリー状態だった」と振り返る。

また、捏造事件から二次的に波及した聖嶽問題が単独で振り返られることは少ない。すべてが憶測の域を出ないぼやけた輪郭に加え、九州の片隅という限定された地域性、現存する関係者の少なさ、過去の発掘という現実味のなさ、などいろんな理由があろう。犠牲者を出したという衝撃のためか、言及を避ける傾向は続いている。だが、その死に象徴される聖嶽問題の根は深く、無視できるほど軽いものではない。

いったい、聖嶽問題とは何だったのか。それが残したものは何だったのか。管見の限り、この問題を直視し、総合的にまとめた論評や著作を知らない。この悲劇を風化させないためにも、聖嶽問題に携わった報道機関の一人として、自分なりに総括を加えたい。

先入観に誘発された無理な付会

責任の所在の明確化が可能で、大きな労力と曲折を経ながらもプラス思考へ方向転換し得た旧石器遺跡捏造事件と、真実を知り得ないまま迷走し続け、あらゆる方面へ連鎖的に拡散しながら無意味な袋小路へと迷い込んでいった聖嶽問題。これこそが、両者の本質的な違いではなかろうか。

旧石器時代のものと思われていた石器が実はそうではなかった、同じことが人骨にもいえる、だから捏造もあったのではないか――。だが、それはあまりに短絡的な思考であろう。確かに、聖嶽には不自然な要素が多い。けれど、それを「捏造」に結びつけるまでの根拠は薄弱だった。にもかかわらず当時の加熱した取材合戦や社会風潮は、旧石器時代遺跡としての信憑《しんぴょう》性の低下という類似した構図のみをもって「疑惑」の犯人像をつくり出すとともに、「捏造」と科学技術や研究方法の発達による「成果」という対極にある事象を混同して不用意に結びつけ、「第二の捏造」というイメージをいたずらに社会に植え付けてしまった。

最新の手法が新たな結果を生む例はよくあることだし、過去の結果と矛盾があればそれをどう解き明かすかが学問である。しかし、聖嶽問題において、賀川氏は「すべて捏造を前提に質問される」と漏らしていた。事態をエスカレートさせた背景に、当時の世相が誘発した先入観、あるいは科学の進捗によって得られた異なる結論を安易に捏造疑惑にすり替える風潮があった、との指摘は少なくない。多くの伏線と不幸なタイミングによって、不確定のままで別次元のさまざまな要素が知らぬ間に混同され、一本の線でそれらしく結びついてしまった。その結果、聖嶽問題は旧石器遺跡捏造事件の延長線として独り歩きを始めた。賀川氏の死は、そんな報道と世論が持つ危うさを一気にさらけ出したといえまいか。

マスコミ、特に新聞や雑誌という活字媒体は、常に熾烈《しれつ》な特ダネ競争を繰り広げている。タイミングよく飛びつき、世の中の関心事の流れに乗れば、普段よりはるかに大きな扱いを受ける。スクープをすればその後も続報を求め続け、スクープされれば抜き返す材料を求める。

「柳の下の泥鰌《どじょう》」をねらったとの見方も強い週刊誌報道に始まる「聖嶽疑惑」も例外ではない。私も含めて旧石器遺跡捏造事件で出し抜かれた記者たちの脳裏には、いつも週刊誌の記事がちらついていたはずだ。いったん報道合戦に突入すれば、より新しい「事実」を求め続け、最後には重箱の隅をつつくようなものまで紙面に載り始める。それが否定できない報道の一面なのである。

では、発掘調査団の態勢に問題はなかったのか。第一次調査が専門家とアマチュアの混成部隊であったことは述べた。第二次調査ははるかに充実していたが、そもそもその陣容に無理があったという指摘があるし、調査期間中から方針の食い違いが表面化していたとも伝え聞く。「根はもっと深い所にあり、調査団の人間関係に尽きる」という声も聞いた。それが聖嶽の疑惑に直接つながっていったというわけではないにしても、もし調査団内に不和があったのなら、それがのちにネガティヴに作用した可能性はなかっただろうか。一九九九年十二月の記者発表時、その場に、何かぎくしゃくしたものを感じたのは私だけではあるまい。結局、それが後の報告書のなかで、相対する結論の併記として顕在化したのではなかろうか。

一九八三年夏、聖嶽洞穴と同じ本匠村の囲嶽《かこいだけ》洞穴で、オオツノシカではないかと思われる壁画が見つかった。旧石器時代に描かれた日本最古の壁画だと大騒ぎになり、報道合戦が過熱したが、昔、近所の住民が漢字を落書きしたとの証言が現れるに及んで、騒動は急速にしぼんでいった。この出来事はマスコミに苦い教訓を残したが、遺跡の誤認は、報道陣のメディア・スクラムのみならず、研究者の功名心や名誉欲によっても生まれる。福岡大学の武末純一氏は「マスコミによる虚像の拡大」に批判を加えるとともに、「前期旧石器や聖嶽など日本の考古学界あるいは九州の考古学界で起きた暗いできごとは、ある意味では、これまで大きくなること、一歩でも前に出ることに夢中になってきた日本の考古学の矛盾点が一気に吹き出した（表面化した）とも言えます」と断じている（「九州弥生時代研究の現状と課題」『七隈史学』第三号、二〇〇二年）。

真の学際的研究をめざして

再調査の報告書のなかで春成氏は「石器の出土状態に、当初は賀川も後藤も疑問を感じていたのに、出土人骨を化石人骨であると小片が断定したために、石器の出土も確実視されるようになった。発掘調査から5年後、再調査はおこなわれることはなく、疑問は解消されないまま、本洞窟から『旧石器』と『化石人骨』がいっしょに見つかったという『事実』だけは認められていった。考古学と人類学が相互にもたれあって不確実を確実にしてしまったのである」と指摘している。

聖嶽では第一次調査で、すでに形質人類学と考古学による、今でいう学際的な発掘が行われていた。しかし、それが「もたれあい」という否定的な意味合いで作用したのならば、半世紀近くの月日を経たいま、旧石器遺跡捏造事件や聖嶽問題の舞台となった日本考古学界全体に敷衍《ふえん》させて、私たちはより望ましい協力態勢を完成させるに至ったのかどうか、もう一度考えてみることも無駄ではあるまい。かつて前期旧石器存否論争の終結を高らかに宣言した座散乱木《ざざらぎ》遺跡や馬場《ばば》壇《だん》A遺跡の成果があれほど豊富な理化学的分析で固められていたにもかかわらず、たった一人の人間の幼稚な行為でもろくも崩れ去った理由が、そこに見えてこよう。

学際的研究の推進が声高に叫ばれ始めて久しい。日本人のルーツをさまざまな角度から探る尾本プロジェクトはその典型的な試みであったし、その一翼を担った聖嶽洞穴の再調査は隣接分野を総動員し、万全を期して臨んだ、まさに学際的研究の理想を具現化したものだった。視点の違い、分析手法の違いによって多角的な結論が導き出されるのは当然で、ひとつの手法によってすべてが解明できるほど物事は単純ではない。

たとえば、聖嶽洞穴出土とされてきた石器は、九州の旧石器文化を専門とする複数の考古学者の肉眼観察から西北九州産の黒曜石であることが推測され、それは、はるか大分南部まで運ばれてきた不自然さを示唆することになった。二〇〇三年の日本考古学協会第六九回総会で、京都大学原子炉実験所の藁科哲男氏は、別府大学が聖嶽石器として保管してきた資料と第二次調査で出土した資料の合わせて三〇点を蛍光X線分析で検討、改めて肉眼観察の推定を裏付ける報告をした。しかしながら藁科氏は、佐賀県の腰岳産黒曜石が山口県や広島県の遺跡からも確認されていることを紹介し、むしろ「聖嶽で見つかることは不自然ではない」と話した。つまり、同じ結論に到達したにもかかわらず、解釈が正反対に割れたのである。

また、問題の後頭骨はいまも小片保氏が所属した新潟大学が保管し、その形態観察から、国立科学博物館の馬場悠男氏によって後世のものと断定された。研究が積み重ねられた現段階における最新の考察だけに、その可能性は高いといえるだろう。

しかし、同じく馬場氏らが現代人と断定し、論争は決したかにみえる有名な「明石原人」を巡っては、オーストラリア国立大学の直良博人氏らが、オーストラリアで発見された六万年以上昔の化石人骨が明石原人で指摘された現代人的特徴を持つことを指摘し、「ＡＨＩ（明石人寛骨）が現代人の形態を示すのを理由として現代人であるとした結論の科学的根拠は極めてうすい。ＡＨＩの形態からの年代推定を差しひかえ、今後はＡＨＩの問題を全く白紙に返し、再検討すべきと考えられる」（「日本（特に明石）及びオーストラリア出土人骨の相互比較―形態からの年代推定の危険性―」『考古学ジャーナル』四八四号、二〇〇二年）と反論を加えるなど、いまだ流動的な側面を保っている。

だからこそ、異なる分野のエキスパートが補完し合うとともに批判し合う協力態勢が生きてくるはずなのだが、現実はどうだろうか。他分野を尊重するあまり、無批判に受け入れる傾向がないと言い切れるだろうか。

学際的という意味は、風通しのよい横の関係を通じて議論を止揚《しよう》させてゆくことである。異分野を突き合わせることで新たな視点やアイデアが生まれ、学問上に大きな進展をもたらす。有益な議論には最低限、お互いを理解し合い、情報を共有することが不可欠だ。「専門家が言うのだから間違いはないだろう」と無批判に寄りかかる姿勢は、学際的研究が意図する目的とは言い難く、むしろ分野別に閉じこもりがちになるデメリットさえ生じさせよう。

学問上の対立が表面化する場合はまだ、いい。たとえば年代測定学。放射性炭素による年代測定と考古学的な土器編年の対立は長い。かつて神奈川県横須賀市の夏島貝塚出土の縄文土器が世界最古の年代を示し、山内清男らは放射性炭素年代測定法に疑問を呈した。以来、度重なる議論を繰り返しながら、放射性炭素年代とその他の測定値とをすりあわせて暦年代を弾き出す較正曲線は精度を増し、考古資料の増加に伴って土器編年もまた改良され続けている。さらに、年輪年代測定法など、より精緻な技術も成熟し、考古学と自然科学の歯車はかみ合っているかにみえる。ようやく同じ土俵上で論ずることが可能になってきたのだ。

それでも二〇〇三年五月に公表された国立歴史民俗博物館によるＡＭＳを使った弥生開始期の暦年代案は、賛否両論の大きな議論を巻き起こした。しかし、この反応は歓迎されるべきである。健全な議論を、他の分野にも広げてゆく必要がある。そのためには、あらゆる分野の専門家が異なる分野の基礎知識を学ぶという積極的な努力は避けられない。

「もたれ合い」からの脱却を

敗戦によって焼け野原と化した日本列島が復興に向けてもがいていたとき、聖嶽洞穴というひとつの遺跡から考古学者が旧石器を見つけ、そして人類学者が古いと直感した人骨を見つけた。お互いが聖嶽を貴重な旧石器時代遺跡と確信したとしても誰が非難できよう。

ほぼ同じ時期に実施された大分県下における丹生《にゅう》遺跡の調査などとの競争心理がなかったとは

いえないかもしれない。人骨と石器発見にともなって洞穴内は異様な興奮状態に包まれた。賀川氏自身、危険を感じてその日の作業を打ちきったと回想しているように、常に冷静に平常心で事にあたろうという方が無理だったのかもしれない。

問題は、春成氏もいうように、当初、賀川氏らが感じていた出土状況の疑問点が「もたれ合い」によって時とともに風化し、疑問符つきであったはずの「人骨と旧石器の共伴」という、いわば選択肢のひとつだけがどんどん既成事実化していった点である。調査団やそれを取り巻く研究者のみならず、重要性だけを拡大しがちな報道、そしてそこに勝手な希望を託した世論もまた、責任を負うべきではないだろうか。

先鞭を付けた一九六二年の調査成果に立脚し、時の流れが形づくった幻想と虚像を払拭し、事実のみを絞り込む。それこそが聖嶽洞穴再調査の最大の意義だったはずだ。だからこそ、豊富な学際的手法を駆使しての分析が望まれたし、それは実際に実現できたと思う。一度発掘すれば二度と元に戻せない緊急調査がほとんどの昨今、情報源を当時の報告書のみに頼らざるを得ない遺跡は無数にある。再び検証の機会を得た聖嶽洞穴は、むしろ幸運な遺跡だったとはいえまいか。

確かに再調査で評価は分かれ、問題はより複雑になった。私は、それはそれでよいと思う。なにも報告書が事実を断定する必要はないのである。結論の絞り込みがかなわず、逆に多くの選択肢が提示されることになったのであれば、現段階における可能な限りのデータを公開して、疑問点の解明を後世に託せばよい。しかし、その成果を興味本位に都合よく使うことは断じてあってはならない。

また、「もたれ合い」は、決して考古学と自然科学との間だけのものではない。それは考古学界内部にも起こり得る。これだけ限りなく細分化が進む学問分野だけに、自らの専門以外は疎いという状況が蔓延しつつある。他者の考察に全面的に依拠し、立論することもますます増えるであろう。だからこそ研究者は自分の専門分野に重い責任を自覚せねばならないし、他人に対しては明確な説明義務が生じよう。そんなお互いの真摯な関係があって信頼と学問的成果は生まれる。

旧石器遺跡捏造事件などは、「分析は分析、考古学は考古学のように割りきった枠組み、また都合の良い部分だけをとり入れるというようなバランスを欠いた調査主体者の解釈」（「捏造の歴史と社会的影響」『前・中期旧石器問題の検証』、二〇〇三年）がまかり通り、多くの研究者が前期旧石器分野の牽引車として藤村氏を盲目的に認めたが故の、「もたれ合い」の最たるものではなかったか。

活字媒体の有用性

ただ、聖嶽問題はマスコミの持つマイナス面のみでなく、思わぬプラス面を認識させることにもなった。

今回の混乱の背景には、文字に書き記された信頼を置くに足る正確な情報がなかなか見つからなかった事情がある。再調査から三七年前のことだけに、もはや人間の記憶はあてにならない。

頼りになるのは当時の文字資料のみである。

第一次調査団が残した資料は、同時間的な調査日誌や本匠村村報、また、『日本の洞穴遺跡』（一九六七年）をはじめとする後日の報告など、少ないながらも、あるにはある。だが、現在の報告書に照らし合わせてみればおおざっぱな感は否めない。もちろん、今ほど技術や手法が確立していない時代だから、現在の常識とは比較できない。物資にも人材にも不足した時代背景も斟酌《しんしゃく》されなければならないが、それならなおのこと、発掘の進行と並行した記録が数多く残っていれば、最悪の事態は回避できたのではないかと悔やまれる。

そんなとき、おおむね信憑性を持っていたのが新聞記事であった。なかでも『大分合同新聞』は地元紙ならではの細やかさで、調査の成り行きを追っていたようだ。例によって多少のお国自慢的な誇張もなきにしもあらずだが、取材者としての客観性は保たれている。

問題が大きくなるにつれ、当時の資料をかき集める作業が開始された。真実は正確で豊富な情報源によってもたらされるはずだと信じて真相究明にあたった本田光子氏らの地道な努力で、過去の関連資料の収集はもとより、新聞報道の小冊子までつくられた。

現在でも正式な報告書が完成するのは時間的にだいぶたってからのことが少なくないし、古い発掘では日誌などが失われた場合もある。結局、同時代的な速報性と記録性を併せ持つのは新聞記事しかない。文化財報道の重要性は、こんなところでも改めて認識できる。私たち新聞記者は自らの責務を自覚するべきである。

賀川氏が願ったもの

私は、学史上記念すべき聖嶽洞穴が、この一連の出来事ですべて否定的にとられ、捏造遺跡と同じように扱われるべきではないと思う。

考古学という学問の歴史は、無数の新発見と研究の積み重ねによる旧来の学説の塗り替えである。どんな斬新な説であろうとも、時がたてば礎となるのは宿命であり、それはむしろ誇るべきことであろう。学問の進歩は、乗り越えられるべき先人の学説があればこそ可能なのはいうまでもない。だからこそ、それらは永遠の栄誉を与えられるのだ。たとえ聖嶽洞穴が旧石器時代遺跡ではなかったとしても、戦後の新生日本考古学が残した学史上の画期的な発掘事例のひとつであることは、ことさら強調するまでもない。

私が言いたいのは、この遺跡が旧石器時代遺跡か否か、などという近視眼的なことではない。「捏造」という一過性の興味本位による社会風潮によって尾鰭《おひれ》がつき、増殖してしまったあらゆる誤解のみによって、遺跡の学史的価値が根拠もなく書き換えられることを残念に思うのだ。過度の唯物主義、商業主義が台頭するなかで、考古学という金銭や名誉とは無縁の地味な世界で夢を追いかけた若者たちの汗と涙が、聖嶽洞穴という遺跡には詰まっている。その記憶まで葬り去ることは、現在の考古学界にとっても決してプラスにはなるまい。

さまざまな分析結果は、この遺跡への再考を迫っている。もしそうだとすれば、客観的な学問的成果として大いに尊重されなければならないし、それに対する反論も、単なる旧説の固執や言葉尻の批判ではなく、新たな視点からなされるものであるべきだ。

多くの人々が学問的な解明を続けるうえで、多様な手法が存在し、それぞれが異なる結論に到達したとしても、それが有意義なことであるのはいうまでもない。だから、たとえ少数意見であっても純粋な学問的良心に基づく異論が存在する限り、それらが議論の俎上《そじょう》に乗る機会は常に用意されていなければならない。また、それを無視してまで早急に結論を出す必要もない。ましてや、マスコミは論調を権威主義的に固定化する役割を果たすべきではない。それは邪馬台国論争などにも当てはまることである。

学問の純粋な発展が、それと異なる意図によってわずらわされることなく、公開された情報に基づいて誰もが議論できる場を保障された自由な世界。それこそが、賀川氏がかけがえのない命と引き換えに訴えたかったことのような気がしてやまない。

あとがき

発掘現場や考古学研究の現状を取材していて強く思うことがある。

不偏不党というのはジャーナリズムの基本的なテーゼであり、それに基づき、私たちは真実の追求を続けている。事件や事故など、誰もが認める世の中の客観的な事実を報じる場合は何の問題もない。ところが、学問の世界ではひとつの事象に、肯定的立場と否定的立場、あるいはその折衷案や、まったく違った視点による仮説が入り乱れる。そんな不確定な性格を持つ学術対象から社会的価値を持つものを、メディアという媒体を通してどのように表面化させるか。そのバランスに悩むことは多い。

私は新聞記者だから、研究者ではない。考古学担当といっても、大学での専攻はシルクロードにあこがれて選んだ西域史・中央アジア史で、卒業論文のテーマもエフタルだし、選択科目で受けた考古学の講義ではひたすら動物の骨を実測して、考古学とはそういうものか、と思っていた人間である。だから今も、ごく一般的な感覚で発掘現場や研究成果に接しているつもりだ。「出土した」という事実が学術上の通説や仮説を左右するキーポイントになり得るのならば、それはニュースであり、記者としての価値観に立って行動するのは当然である。自分がそれをできているかは、どうも怪しいが。

学問の世界で、様々な検討を経たのちコンセンサスが得られるという長期的な作業が欠かせないのは、もちろん承知している。ただ、それとはまた別の、報道という価値観と論理が存在することを広く知ってほしい。しかし、私たちはこの矛盾を常に感じながらも、なおざりにしてきたのかもしれない。それを露呈させたのが旧石器遺跡捏造事件であった。私たち報道人は大きな課題を突きつけられたといえる。

現在の文化財報道のあり方に異論を持つ人は少なくなかろう。しかし、あえて本書を記したのは、学界や文化財行政もまた巨大な市民社会の一部であり、昨今の思わぬ不祥事や情勢の変化によってそれを再認識せざるを得ない状況に直面しているとともに、今後の方向性を真剣に模索する時期に来ている、と思うからである。報道もまた、文化財という対象に市民の視線が注がれたとき、それをどのように社会的に位置づけるか、市民の関心に対してどのような回答を提供しなければならないか、が問われている。

開発と表裏一体にある緊急調査、行政内での発掘行為のあり方、遺跡の保護、それに絡む人々の思い。考古学や古代史と一般社会との接点は極めて多い。報道といえば考古学上の新発見ととらえられがちだが、本書では文化財という用語を多用したように、そこには埋蔵文化財のみならず、伝統的建造物や民俗風習など様々な類型が存在し、それぞれが市民社会とリンクする。
それらをつなぐ役割としてメディアは存在する。学問的意義をどのように咀嚼《そしゃく》し、社会的意義に変換させ、還元させてゆくか。報道に携わる者の一人として、日夜、悩みながら取材を続けている。

二〇〇三年夏

朝日新聞学芸部記者　中村俊介

著者紹介

一九六五年、熊本市に生まれる

一九九〇年、早稲田大学教育学部地理歴史専修卒業

一九九一年、朝日新聞社入社

現在、東京本社学芸部文化財担当

主要著書

古代学最前線　邪馬台国への道（共著）

歴史文化ライブラリー

173

文化財報道と新聞記者

二〇〇四年（平成十六）三月一日　第一刷発行

著　者　中《なか》村《むら》俊《しゅん》介《すけ》

発行者　林　英男

発行所　株式会社　吉川弘文館

東京都文京区本郷七丁目二番八号

郵便番号一一三―〇〇三三

電話〇三―三八一三―九一五一〈代表〉

振替口座〇〇一〇〇―五―二四四

http://www.yoshikawa-k.co.jp/

印刷＝株式会社平文社

製本＝ナショナル製本協同組合

装幀＝山崎　登

歴史文化ライブラリー

1996.10

刊行のことば

現今の日本および国際社会は、さまざまな面で大変動の時代を迎えておりますが、近づきつつある二十一世紀は人類史の到達点として、物質的な繁栄のみならず文化や自然・社会環境を謳歌できる平和な社会でなければなりません。しかしながら高度成長・技術革新にともなう急激な変貌は「自己本位な刹那主義」の風潮を生みだし、先人が築いてきた歴史や文化に学ぶ余裕もなく、いまだ明るい人類の将来が展望できていないようにも見えます。このような状況を踏まえ、よりよい二十一世紀社会を築くために、人類誕生から現在に至る「人類の遺産・教訓」としてのあらゆる分野の歴史と文化を「歴史文化ライブラリー」として刊行することといたしました。

小社は、安政四年（一八五七）の創業以来、一貫して歴史学を中心とした専門出版社として書籍を刊行しつづけてまいりました。その経験を生かし、学問成果にもとづいた本叢書を刊行し社会的要請に応えて行きたいと考えております。

現代は、マスメディアが発達した高度情報化社会といわれますが、私どもはあくまでも活字を主体とした出版こそ、ものの本質を考える基礎と信じ、本叢書をとおして社会に訴えてまいりたいと思います。これから生まれでる一冊一冊が、それぞれの読者を知的冒険の旅へと誘い、希望に満ちた人類の未来を構築する糧となれば幸いです。

吉川弘文館

〈オンデマンド版〉
文化財報道と新聞記者

歴史文化ライブラリー
173

2018年(平成30)10月1日　発行

著　者　中《なか》村《むら》俊《しゅん》介《すけ》
発行者　吉川道郎
発行所　株式会社　吉川弘文館
〒113-0033　東京都文京区本郷7丁目2番8号
TEL　03-3813-9151〈代表〉
URL　http://www.yoshikawa-k.co.jp/

印刷・製本　大日本印刷株式会社
装　幀　清水良洋・宮崎萌美

中村俊介(1965～)

ISBN978-4-642-75573-3